霸氣
希拉蕊
你不必屈居第二位

Hilary Clinton

You don’t have to come off second best

成長階梯：66

霸氣希拉蕊：你不必屈居第二位

編著　席拉
出版者　大拓文化事業有限公司
執行編輯　林美玲
美術編輯　姚恩涵
總經銷　永續圖書有限公司
劃撥帳號　18669219
地址　22103　新北市汐止區大同路三段一九十四號九樓之一
TEL　(〇二)八六四七—三六六三
FAX　(〇二)八六四七—三六六〇
E-mail　yungjiuh@ms45.hinet.net
網址　www.foreverbooks.com.tw
CVS代理　美璟文化有限公司
TEL　(〇二)二七二三—九九六八
FAX　(〇二)二七二三—九六六八
法律顧問　方圓法律事務所　涂成樞律師
出版日◇二〇一五年八月

國家圖書館出版品預行編目資料

霸氣希拉蕊 ： 你不必屈居第二位 / 席拉編著.
-- 初版. -- 新北市 ： 大拓文化, 民104.08
面 ；　公分. --（成長階梯 ； 66）
ISBN 978-986-411-009-4（平裝）
1.希拉蕊(Clinton, Hillary Rodham) 2.傳記 3.自我實現
177.2　　104010907

目錄

Chapter 1

不給自己點野心，妳永遠不知道自己有多優秀

迎著世界的質疑，做且只做妳自己

Chapter 2

目錄

Chapter 3

氣場，讓希拉蕊卓爾不群的無形利刃

追求卓越，奮進與成功是對雙生花

Chapter 4

目錄

Chapter 5

沒有永恆的敵人，只有永不停息的戰鬥

Chapter 6

等女人交際定勝負

目錄

Chapter 7 發掘女人天生的領導優勢

影響力，不是男人才有的特權

Chapter 8

目錄

Chapter 9

打造總統 比嫁給總統更可靠

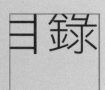

【序言】

希拉蕊．柯林頓，美國第四十二任總統柯林頓夫人，現任美國歐巴馬政府第六十七任國務卿。是當今美國最有影響、最廣為人知的女性，也是成功的象徵，魅力的符號，是讓全世界無數女性奉為心中的女王和楷模。

不論是作為學生、妻子、律師，還是一個政治家，希拉蕊都達到了一般女性難以企及的高度，她的精采紛呈和強者姿態讓天下女人敬佩不已、羡慕不已。

很多人的成長、生活條件比希拉蕊優越了不知多少倍，但所創造的生活，卻無法與希拉蕊相比，有的收穫了事業而失去了家庭，有的成全了家庭而放棄了事業。究其根源，是因為我們身上缺乏女人對待生活應有的智慧。

我們要思考的問題是，同樣是女人，為什麼希拉蕊能夠不斷挑戰、不斷成功，而大多數人，卻只是芸芸眾生中的平凡女人。希拉蕊並不是沒有哭過，不同的是，很多女人哭過之後卻沒站起來，而希拉蕊哭過之後變得比從前更堅強；我們和希拉蕊一樣也有過偉大的夢想，不同的是，我們大多數人的夢想在生活的瑣碎和困境中漸漸被磨損、淡忘，而希拉蕊卻堅持守著她的夢想，從不放棄；我們也和希拉蕊一樣努力過，不同的是，我們大多數人只要求自己做到「及格」，而希拉蕊給自己定的目標是「卓越」……。

書中梳理希拉蕊的成功軌跡，發掘在她那些炫目的履歷背後所不為人知的徘徊、掙扎和奮鬥，融合了希拉蕊在堅持夢想、職場奮鬥、塑造氣場、完美社交以及駕馭婚姻等各方面值得女性朋友們學習和借鑒的感悟和成功經驗

我們真誠地希望每一位讀過這本書的女性都能夠有所收穫，讓心與智得到提升和淨化，如希拉蕊一般，讓成功與魅力同在，譜寫出屬於自己的精采人生。也許不能做到最好，但妳可以做到更好，願天下女人都能更有魅力，更加成功！

CHAPTER 1

不給自己點野心，妳永遠不知道自己有多優秀

霸氣希拉蕊：「你不必屈居第二位」

「一個沒有男性競爭的環境會鼓勵女生自由地嘗試冒險、犯錯誤，甚至不怕在同學面前出醜，畢竟從班長、校報總編輯到各領域的頂尖人物都是女生，而且每個人都有機會。」

——希拉蕊．柯林頓

霸氣，是一種捨我其誰的王者風範，是一種胸有成竹的瀟灑氣度，是一種蔑視醜惡的坦蕩胸懷。

在希拉蕊進入威爾斯理學院後，儘管一開始沒能適應大學生活，但是經過調整，尤其是該校提倡的「精英中的精英」理念和由此衍生出來的「你不必屈居第二位」的精神對希拉蕊非常有吸引力。

「一個沒有男性競爭的環境會鼓勵女生自由地嘗試冒險、犯錯誤，甚至不怕在同學面前出醜，」希拉蕊在自傳中說道，「畢竟從班長、校報總編輯到各領域的頂尖人物都是女生，而且每個人都有機會。」也正是源於大學時期形成的這種不必屈居第二位的信念，希拉蕊從第一州長夫人到第一夫人，再從第一夫人直至問鼎白宮，希拉蕊都表現出了一種王者的霸氣。

說起霸氣，可能很多女性朋友覺得與自己無關，認為「那是男人們的事」。但其實不然，霸氣不同於霸道，霸氣女人身上有一種氣場，受人關注和敬仰。女人擁有霸氣，就擁有了強大的精神動力。

面對困難，霸氣可以使我們相信自己，不畏強敵。在筋疲力盡之時，女人用霸氣表現出戰鬥下去的勇氣；窮途末路之時，女人用霸氣打開「山重水複疑無路，柳暗花明又一村」的美好局面。

真正有霸氣的人，不是戰勝別人，而是戰勝自己。

隨著知識的增加、閱歷的豐富、能力的提升，我們會擁有越來越強的自信力。當我們的認識與才幹達到一定的程度，就會成為一個有霸氣的人。希拉蕊用「我來了，為勝利而來」的霸氣勇敢向總統寶座發起攻擊。

五十多年前，三十四歲的費羅倫絲打算創造一項新的世界紀錄，因為之前她是成功從英、法兩邊海岸游過英吉利海峽的第一位婦女，而這項新的世界紀錄與此有關，就是從太平洋游向加州海岸，如果成功了，她將是第一位游過這個海峽的婦女。

結果是，她在大霧天氣，冰冷的海水中堅持了十五個鐘頭後放棄了。儘管坐在船上的母親和教練一再示意她離海岸很近了，她還是放棄了。事實上，拉她上船的地點，離加州海岸只有半英里！

事後，沮喪的她說：「真正令我半途而廢的不是疲勞，也不是寒冷，而是我給自己的警告——那絕對是不可能的。」

不過，費羅倫絲女士一生中就只有這一次沒有堅持到底。

兩個月後，她成功地游過了這個海峽。

當妳要決定做什麼的時候，是不是也有過類似於這樣的猶豫？比如，我已經不年輕了，還能出國嗎？我功課不夠好，怎麼能考上有名的大學？我不夠漂亮可愛，他會喜歡我嗎？結果是，由於自己的「自我設限」，導致身體內無窮的潛能力和激情無法發揮出來。妳總是在說，那是不可能的！但是這樣的結果會讓妳流於平庸，永遠無法達到新的高度。

而事實是，不管妳記不記得，自己身上還擁有凝聚著巨大能力的「小宇宙」。那個代表個人潛力的「小宇宙」是切實存在於每個人生命中的。

每一個人本身潛在無限的力量與能量。科學研究也顯示，一位普通人只要發揮體內百分之五十的潛能，就可以掌握四十多種語言，可以背誦整部百科全書，可以獲得十二個博士學位。

大多數的人之所以沒有取得任何成就，不是因為他們沒有能力，而是一切皆是自己內心的自我設限與自我暗示造成。

自我設限就如同形影不離的殺手一樣，當妳想釋放妳的潛力時，它便出來大喝一聲，讓妳退縮。每件事都不能發揮到極致，這樣累積起來，妳的成功機率會越來越小。別人用一年達到的水準，妳就需要五年。自我設限對妳來說不是提高成功率，它是一塊頑石，阻礙了妳的前進。

不敢去追求成功，是因為妳的心裡面默認了一個高度，這個高度常常暗示妳：成功是不可能的，是沒有辦法做到的。

「心理高度」是人無法取得偉大成就的原因之一。

假設一下，如果有人告訴妳，妳一定能賺一千萬，那麼妳就不會給自己制定只一百萬元的目標。換言之，妳有多大的野心就可能有多大的成就，如果沒有野心，就不會有成就。

規劃比努力更重要，明確路標引領前進

「我從小就對政治感興趣，也喜歡和朋友們切磋辯論技巧。我會逼著可憐的里基天天和我就世界和平以及棒球比賽或任何主題展開辯論。我成功當選學生會代表，並當上副班長。我是「青年共和黨」的活躍分子，後來成了一個戈爾德沃特派女孩。

——希拉蕊・柯林頓

四十多年前，在柯林頓與希拉蕊剛剛墜入愛河時，他們就制定了一個日後成為他們之間關係基礎和引擎的祕密協定：他們要徹底改革民主黨，問鼎白宮。對兩個二十五、六歲的年輕人來說，這個協議似乎有些不知天高地厚的意味，但事實就是這麼不可思議，現實竟然真就按照他們設想的那樣穩步發展。

一九九二年柯林頓成功當選美國總統，離實現他們的二十年計畫更進了一步。緊接著，希拉蕊華麗登場，從競選參議員到競選總統，無不是這一、二十年計畫的現實行動版，雖然最終她沒有問鼎白宮，但是出任國務卿也算是對自己交了一份完美的答卷。

一九五三年，美國哈佛大學曾對當時的應屆畢業生做過一次調查，詢問他們是否對自己的未來有清晰明確的目標，以及達到目標的書面計畫。結果，只有不到百分之三的學生給出了肯定的答覆。二十年後，研究者再次訪問了當年接受調查的畢業生，結果發現那些有明確目標及計畫的百分之三的學生，在二十年後不論在事業成就、快樂及幸福程度上都高於其他人。尤其甚者，這百分之三的人的財富總和，居然大於另外百分之九十七的所有學生的財富總和，而這就是設定目標的力量。

有一篇寫周迅的文章，名為《十年以後妳會怎樣》，其中寫道：

十八歲之前，周迅是個不知道自己想要什麼的人，直到一九九三年的一天，教她專業課的趙老師突然找她談話，問她：「妳能告訴我，妳未來的打算嗎？」周迅一下子愣住了。她不明白老師怎麼突然問她如此嚴肅的問題，更不知該怎樣回答。

老師的話很輕，落在她心裡卻變得很沉重。她腦海裡頓時開始風起雲湧。

沉默許久後她說：「我希望十年以後自己能成為最好的女演員，同時可以發行一張屬於自己的音樂專輯。」

「好，既然妳確定了，我們就把這個目標倒著算回來。十年以後妳二十八歲，那時妳是一個紅透半邊天的大明星，同時出了一張專輯。那麼妳二十七歲的時候，除了接拍名導演的戲以外，一定還要有一個完整的音樂作品，可以拿給很多很多的唱片公司聽，對嗎？」「二十五歲的時候，在演藝事業上妳要不斷進行學習和思考。另外，妳還要有很棒的音樂作品開始錄製了。二十三歲必須接受各種各樣的培訓和訓練，包括音樂上和肢體上的。二十歲的時候開始作曲、作詞，並在演戲方面要接拍大一點的角色……」

周迅覺得一種強大的壓力忽然向自己襲來。老師平靜地笑著說：「要知道，妳是一棵好樹苗，但是妳對人生缺少規劃。如果妳確定了目標，希望妳從現在就開始做。」

想想十年後的自己——當她意識到這是一個問題的時候，她發現自己整個人都覺醒了。從那時起，她始終記得十年後自己要做成功的明星。所以，畢業後，對角色她開始很認真地篩選。漸漸的，她被大家接受了，她慢慢地嘗到了成功的歡樂。

女王，就是擁有這神奇的力量。女王是永遠有明確目標的女人，她們可以在腦海中把自己實現目標時的畫面勾勒出來。當妳能夠清晰地想像自己十年後的模樣時，妳才有可能在十年後真的變成夢想中的妳。問問自己，十年以後我想成為什麼樣的人，然後以此為目標，一步一步靠近夢想中的自己。

人的一生都要不斷地給自己樹立目標，何況現在的妳還年輕。做好自己的人生規劃，不要空等成功的降臨。不想荒廢青春的女人，就要像周迅那樣，在適當的時候，問問自己：十年以後妳會怎樣？十年之後妳想怎樣？然後，按照自己的目標，制訂出完整計畫，一步一步向自己的目標走近，只要早上一睜開眼睛，就會期待今天又是精采的一天。

女王總是樂於為自己制定目標，一年後、三年後、五年後要過著什麼樣的生活，例如一年後，要賺夠了錢租一間更大的房子，讓自己逃離「無殼蝸牛」；三年後存夠錢去歐洲旅行……先制定一個可以透過努力達到的目標，一旦嘗到了成功的滋味，便會沉浸在這種努力實現目標的狀態之中。

確立目標，是人生規劃的重要樂章。不甘做平庸之輩的女人，必須要有一個明確的追求目標，才能調動起自己的智慧和精力，才能成為妳夢想成為的人！

傾聽自己的心聲，確立最佳個人定位

「當有年輕人問我什麼是最好的人生方向時，我總是說充分地認識和相信自己，傾聽自己的心聲，做自己喜歡做的事情，這樣的人生或許會經歷變化和曲折，但是我認為是最有價值的，也是最好的生活方式。」

——希拉蕊·柯林頓

作為職業婦女，希拉蕊得到了舉世矚目的成就。這與她從大學期間就為自己選擇了最佳個人定位不無關係，從某種程度來說，也是這種定位，指引著希拉蕊一步步追求自己的人生目標。

大二時，年輕的希拉蕊就為自己設計了幾種人生定位：教育和社會改革家；與世無爭的學者；徹頭徹尾的嬉皮族；樂於助人的隱士；政治領導人。

她對「教育和社會改革家」這一定位的嘗試，是透過與大學裡的幾名黑人學生交朋友進行的。但是對此她並沒有做好準備，希拉蕊承認，她「清楚自己的動機，十分明白自己在與過去告別」，而不是真正願意成為教育和社會改革家。對她而言，做一名「與世無爭的學者」更舒服一些，於是她每天花大量時間泡在圖書館裡學習。

大二暑假時，她擔任政治學教授安東尼・達馬托的研究助理，這時她才第一次領略到學術研究的嚴格。後來隨著達馬托教授被威爾斯利學院辭退，希拉蕊的熱情也慢慢消退。

希拉蕊嘗試的第三個定位是「徹頭徹尾的準嬉皮」，從她使用「準」字可以看出，那對她而言只是一種合乎時髦的姿態，而非一種生活方式，她只是尋開心，從不認為自己也是一個「嬉皮」。

第四種定位——「樂於助人的隱士」只是幻想而已，當學校生活壓力過大時，希拉蕊幻想過一種「簡單的隱士」生活。

最終，希拉蕊從第五種定位「政治領導人」中獲得了個人認同，樹立了伴隨她一生的人生理想和目標，即便在競選美國總統失敗後，她也沒有停止追求自己的人生目標，也沒有動搖自己的「政治領導人」信念。

希拉蕊在《楊瀾訪談錄》中曾說：「其實不管是男性還是女性都應該戰勝恐懼承擔風險，不隨波逐流，這需要相當的勇氣。當有年輕人問我什麼是最好的人生方向時，我總是說充分地認識和相信自己，傾聽自己的心聲，做自己喜歡做的事情，這樣的人生或許會經歷變化和曲折，但是我認為是最有價值的，也是最好的生活方式。」

許多女性朋友都嘗試對自己進行各種不同的人生定位，但最終不是隨波逐流就是不了了之，而希拉蕊在這個過程中所表現出來的堅決和冷靜，顯示她決心認真為自己選擇一個最佳的個人定位。她對不同定位的優點和缺點進行了對比，並逐一考慮和嘗試每一種可能，做到了她所說的「充分認識和相信自己，傾聽自己的心聲」。

青年時期是一個人的人生「黃金時期」，在這個時期確立個人定位是至關重要的。為什麼這樣說呢？首先，個人定位能幫助我們確立人生方向，有了方向，我們也就有了奮鬥的航標；其次，個人定位能夠幫助我們少走冤枉路。

很多女性在現實的工作和生活中，因為找不到精準的定位，白白浪費了大好青春，這在「時間就是生命」的現代社會，是非常可怕的；最後，有了個人定位，我們也就有了堅持的動力。那些無聊、空虛、焦慮、抑鬱、失落等不良情緒都會在個人定位面前暗然失色。

女性朋友們如果沒有準確的自我定位，就如同折翅的蒼鷹跌跌撞撞，也如同無舵的航船飄飄蕩蕩。因此，我們要理性地審視自己，也要對自己有個透徹的瞭解和精準的定位，這是成功的起點。

即使沒有稱霸天下的能力，也要有囊括世界的野心

「二〇一〇年前我們會有一位女總統。」
——希拉蕊·柯林頓

二〇〇七年一月二十日，數百萬美國人的郵箱裡收到來自希拉蕊的「宣言」。她的宣言以簡潔有力的六個字作為口號，那就是「我參選，我要贏。」

宣言透過希拉蕊個人網站上，一段長約兩分鐘的影片公佈。鏡頭前的希拉蕊微笑且沉靜，有條不紊而又親切放鬆的向世人表述著她的野心：

「今天，我正式宣佈，我要成立一個參選總統的研究委員會。」「我要開始與各位，與美國展開對話。」

這是希拉蕊向美國第一任女總統所邁出的大膽的第一步。從十四年前因柯林頓的花邊新聞首次為美國人所識，到六年前競選紐約州參議員，直到此刻宣佈競選總統，希

拉蕊從一個被世人嘲笑的失敗妻子，到至今讓人敬畏的從政者，回首來時的每一步，都走得頗為辛苦，破有些眾人所不能理解的艱辛。只有一點是令人確信不疑的：希拉蕊柯林頓，即將用她驚人的才能將自己的人生推向巔峰。

直到此刻，美國人才開始正式的認識並由衷的賞識希拉蕊。

希拉蕊走過了一條非凡、獨特的美國之路——先是一個開拓務實的女人，後來成為柯林頓的妻子和政治夥伴，成為律師、母親、第一夫人、戰略家和決策者。經過公眾形象的多次改變和她在自身外表和政治方面的多次改觀，希拉蕊成功的為自己設計了諸多為世人所接受的公眾角色。無疑的，她現在是美國最受關注的公眾人物，她是一個先驅，一個英雄。而所有這些萬丈的光芒，都來自她身上那熠熠發光的特質：野心。

野心是成就夢想至關重要的一步，一個女人在事業上能有多大的作為，取決與她的野心有多厚重。野心，在英語中表達為ambiton，與雄心同義。但在漢族文化裡，野心是貶義詞，用於譴責為了個人利益而不則手段的人。雄心則為褒義詞，形容以天下為己任的進取精神。過去，雄心這個褒義詞多為男性占用。女子稍稍懷有一點「雄心」，便被世俗認作「野心勃勃」。

然而時代變遷，越來越多的新女性不甘平庸，逐漸萌生了無論是「雄心」還是「野心」的情愫。渴望精采人生的願望愈強烈，野心便愈加蓬勃。

事業和愛情彼此衝突了，該選哪一項？

曾經，這樣的困惑是男人的專利，而今，女人也開始鄭重思考起這個問題。大多數的選擇結果是：沒野心的女人選愛情，有野心的女人選事業。

選擇了愛情的女人，亦是選擇了穩定，因為對未來就有了大致上清晰的輪廓。只要愛情這座「青山」不倒，女人就永遠不怕「沒柴燒」。但與此相對應的問題是，選擇了愛情的女人固然穩定，同樣也懷有一眼便望見了結局的寂寞。

相較之下，選擇了事業的女人，人生充滿了變數與不確定。在這未知裡，女人會走得跌跌撞撞，甚至頭破血流，但走到最後，一定像蚌裡的沙礫，一路磨礪成耀眼的明珠。

人不逼自己一把，永遠不知道自己有多優秀。女人如果不逼自己一把，也許以為今生只是安於天命的小女人，卻無法觸摸這世上的另一個自己，那個自己叱吒風雲，傲然自立，活得凜冽又精采的自己。

所以，給自己點野心吧！也給自己的人生另外一種可能！

年輕女孩要站出來，大方的做個野心家。二十幾歲的女孩，大多不介意別人說自己「雄心勃勃」，卻害怕被人指責為「野心勃勃」。生活中，許多極富潛力的女孩就是因為害怕被人說成是「野心家」而畏縮不前，不敢奮鬥，不敢冒險。

任何事情要想做得出色，都是需要很強大的內心欲望，沒有「野心」的女孩內心動力不足，往往只會成為人群中的平庸角色。就大方地做個有「野心」女孩吧！釋放自己內心的欲望，大膽去追求，相信妳會是人群中最光彩奪目的女孩！

妳真的甘心做個小女人嗎

「朋友們，從此以後，你們可以因此而自豪——女性贏得初選的勝利很平常，女性在勢均力敵的競爭中獲得提名很平常！」

——希拉蕊・柯林頓

二〇〇八年六月七日，希拉蕊像面對以往的每一次失敗一樣，這一天在華盛頓特區面對民眾發表退選演說時，她依然保持著一如既往的從容不迫，冷靜鎮定。

儘管她沒有贏得「美國歷史上第一位女性總統」的稱號，但從她創造的眾多政壇傳奇裡已經不難看出，希拉蕊成功顛覆了「女不如男」的傳統觀念。希拉蕊的演說中，有關女性獨立的話題，說出了大部分自強自立的女性們的心聲。

希拉蕊從一出生起就註定不會走嬌滴滴的淑女路線，她那命運多舛但性格剛強的母親從兒時起就教育她要勇敢，要做自己，要為了自己的未來努力讀書和奮鬥。而剛烈的父親也時常灌輸給她強烈的鬥爭意識，好把她培養成鬥志旺盛的戰士。

和柯林頓結婚之後，從競選州長到競選總統，希拉蕊對柯林頓的幫助遠遠超過了一個妻子的本職。而希拉蕊卻從沒有，哪怕是一次，像弱不禁風的小嬌妻躲在丈夫懷裡哭泣。

這是個越來越推崇大女人的時代，激烈的競爭，飆升的房價都讓男人恨不得多出三頭六臂來應對繁重的生存壓力。如果能像希拉蕊這樣做個強勢、專業、雷厲風行的賢內助，那自然是讓男人歡喜的事。倘若不能，也不要一味的只想做一個躲在男人羽翼下的小女人。

小女人向來是風吹不著雨淋不著的受寵角色，只是……妳真的甘心嗎？

婚前有父母罩著，婚後有老公罩著，人生總是在波瀾不驚中度過，沒有吃過苦，受過累，可是也與精采人生無緣。

到了中年以後，小女人的弱勢便開始顯露無疑：如果說三十歲的時候她們還能被稱得上風韻猶存，但到了四十歲，人生便開始凋零。

因為沒有獨立的事業，她們的閒置時間便可以更多的拿出來和老公孩子鬥智鬥勇，經歷過十幾年的婚姻，男人們通常已經審美疲勞，不再有當初呵護嬌妻的那種勁頭，即便有精力充沛的個別案例，恐怕也把心思放到了婚姻之外。

至於子女的教育問題上，因為長年與社會脫節，訊息不夠靈通，難免也會和子女產生溝通障礙。運氣好一點，飯碗不至於丟掉，老公不至於跑掉，孩子也基本乖巧，但人生因為沒有自我和信仰，所以依然顯得空泛。

逛街、美容、八卦、打牌都不能夠填充她們的內心，放任心態蒼老，提前進入暮年。運氣差一點的，丟掉飯碗和老公，與子女不和，想豁出去重新振作，但也已經與社會脫節數十年，完全喪失生存技能。生活在男人羽翼下的小女人，因為經濟不獨立，視野的狹隘，只會漸漸變成天底下最喜歡貪小便宜的女人。

無論婚姻、事業、家庭，都有它不可測的一面，身為女人，不僅要有一技傍身，更要從內心深處樹立強者心態。

妳仍然可以做一個外表柔弱的「小女人」，但心裡最好繃緊一根弦，這根弦時刻提醒妳，一定要讓自己具備殘酷生活掠奪不走的品質或精神。

時代發展，社會變遷，女人存活的意義不再是為男人做一輩子飯。女人也可以和男人一樣，有瀟灑獨立的生活方式。

厭倦了弱者身分的妳，不妨拋開小女人的包袱，獨立一次吧！也許屆時妳的夢想開出來，會綻放出讓妳意想不到的光彩。

妳有多折騰，成功就有多接近

「我一生所做的最困難決定之一，就是參選紐約州的參議員。多年來，我發表了無數演說，強調婦女參與政治與投身公職的重要性。正如一位年輕運動員告訴我的，對我來說那是勇於競爭的時刻。」

——希拉蕊．柯林頓

一九七八年柯林頓擔任州長後，年薪只有三萬五千元，這讓希拉蕊這位家庭收入頂樑柱總缺乏一種安全感。所以在那一年，她決定冒險，進行了兩筆投資，其中一筆就是投資白水地產。於是引出了後來讓希拉蕊和柯林頓焦頭爛額的白水案。

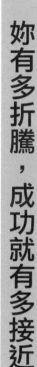

一九七八年，柯林頓的政治夥伴，也是希拉蕊的客戶麥克道格偶然和他們談起一樁穩賺不賠的買賣，即麥克道格夫婦和柯林頓夫婦，在阿肯色州北部白水河兩岸購買二百三十英畝尚未開發的土地。

他們計畫把土地分割成小塊賣給退休或度假者，儘管從未實地考察過這片名叫白水的土地，但希拉蕊依然決定進行投資。只是這兩對夫婦合資成立「白水開發公司」後，沒有將各自的積蓄投進去，而是從銀行貸款了二十多萬美元購買土地。希拉蕊在支票上簽字付款給麥克道格後，就因和柯林頓的政治公務繁忙而對「白水地產」的財務管理問題不聞不問。後來麥克道格受到聯邦機構的調查，使得希拉蕊和柯林頓也牽連其中。

如果沒有希拉蕊不安分守己的折騰，也就沒有後來在白水案上長達數年的政治與財務糾紛。但依希拉蕊的天性，即便不投資「白水」，也會投資「黑水」「紅水」，折騰，是希拉蕊的天賦。也正是因為天賦的折騰，才有了希拉蕊後來的巨大成功。人生不能過於安分，不時常折騰折騰，妳永遠不會知道自己離成功有多接近。

「我不得已上路，為不安分的心」，每個人都懷著一顆不安分的心，只不過有一些隨著社會的磨礪而失去了稜角，失去了那顆不安分的心。古往今來，許多成功者都又一個共同的特徵，就是在年輕的時候都不安於現狀。

不守「本分」，給人一種不安分的感覺。往往是別人都做著墨守成規的事，他們卻一反社會共同心理，逆潮流而上，做著另外不合潮流的事。

當然，這樣的人不一定成功，但成功者都緣於這種不安分。所謂：動，然後才能有成功；不動，則永遠安於現狀，不會成什麼大氣候。

就像劉邦，農民的兒子不種田，卻終日「遊手好閒」，忙於結交各方朋友，家境不寬裕，卻喜施捨，意豁如也。雖然，在起事前，他不知道自己的一生將如何走下去，但不安分的心，始終在他的體內跳動。在歷史提供的機遇面前，劉邦那獨特的氣質有了「英雄用武之地」，迅速地引導他走向成功。

又好像今頂尖的電腦生產商和銷售商——邁克爾•戴爾。此人自小就極不安分，極其熱衷折騰本身是學醫的，卻在宿舍裡弄來一大堆電腦設備放在宿舍裡研究，並終於讓他研究出名堂來了，最後棄醫而去賣電腦。

再例如比爾蓋茲，這個哈佛的法律專業的大學生卻不安於現狀，在大一時，辭學去開創他的電腦公司了。也例如民主之父——孫中山，他是個行醫的醫生，卻最終從事了政治革命。中國少了位醫生，卻站起來了一個政治巨人。

近一點，也有我們的父輩在做榜樣。我們的父輩很多成功者，都是原來放棄了鐵飯碗。這絕對不是什麼懂得放棄的精神，而是因為他們不安分，不滿足於眼前安穩的現狀。雖然他們其中也有犧牲者，但他們的生命都在拼搏，都很有價值。

在敢於折騰和不敢於折騰的人群裡，我們可以劃分成以下三類。

第一種人，他們不能適應社會的準則，被社會無情的打擊到社會的最低層，他們的精神生活幾乎為零，只能得到維持生命存活的物質條件。

第二種人，他們能夠適應社會的準則，但他們必須遵守社會準則，在社會準則面前沒有任何的尊嚴，他們隨波逐流，在適應社會準則時，能夠得到一丁點的好處。

第三種人，他們不但能夠遊刃有餘的適應社會準則，而且能夠在完全瞭解、理解社會準則後，根據自己的想法改變一部分社會準則，進而實現自身價值，他們不用為所謂的「物質財富和精神財富」而苦惱，因為他們為世人創造物質財富和精神財富！

妳曾經是哪一種人，正在做哪一種人，又將會成為哪一種人呢？

CHAPTER 2

迎著世界的質疑，做且只做妳自己

我從不在我沒做過的事情上署名

「我不會這樣做。我從來不在任何沒有做過的事情上簽上自己的名字，我只會在自己做過的事情上署名。」

——希拉蕊・柯林頓

在美國，第一夫人以自己的名義支持某些活動一直是一個傳統，比如國家交響樂舞會、抗擊某項疾病的活動或者獸醫協會舞會等……事實是，第一夫人們根本沒有時間每一項活動都親力親為，大多都是在活動請柬上簽上自己的名字就算萬事大吉了。

但是希拉蕊拒絕這樣做，她對下屬和媒體說：「我不會這樣做。我從來不在任何沒有做過的事情上簽上自己的名字，我只會在自己做過的事情上署名。」

劇作家莎士比亞曾說過：「你是獨一無二的，這是最大的讚美。」這是一個不為我們所習慣的說法，卻符合事實。一個女人，只要堅守自己的個性，在世界這座百花園中，妳同樣是一朵奇葩。世界上所有的東西，都是不可替代的，是絕無僅有的。

作為女性大家族中的妳，也是這個世界上獨一無二的。

做人永遠要以自己的意志為轉移，不要總是效仿別人，妳必須懂得堅持自我，按自我的方式生活。如果一味地只是遵循別人的價值觀，就會失去自我，進而跌入痛苦的根源。也許有些朋友會說，這只是一件小事，但是透過這件小事，我們看到了希拉蕊保持自己本色的價值觀。

「以銅為鏡，可以正衣冠；以人為鏡，可以明得失。」意思是說，每個人都是一面鏡子，我們可以從別人身上發現自己、認識自己。然而，如果一個人總是拿別人當鏡子，那麼那個真實的自我就會逐漸迷失，難以發現自己的獨特之處。

每個人都有自己生活方式與態度，都有自己的評價標準，女人可以參照別人的方式、方法、態度來確定自己採取的行動，但千萬不能總是拿別人當鏡子。總拿別人做鏡子，傻子會以為自己是天才，天才也許會把自己照成傻瓜。

倘若今天為某個人換衣服，往後的日子裡，也就不知要為多少人換衣服？換來換去，還有自己嗎？做人亦如同穿衣，不能改來改去；否則，也就不會有自己了。並不是說我們不需要考慮別人的感受，只是人活一世，不可能讓所有人滿意，重要的是要保存一個真實的自我。

事實上，有許多女人盲目從眾，她們認為流行的一定是正確的，所以就放棄了自己本來的風格和個性，這種情況已嚴重影響部分女人在當今社會立足。殊不知每個女人的獨特性跟自己的生存品質是緊密相連的。

在當今社會，競爭不僅是才能的競爭，更是個性的競爭。女人不清楚自己的獨到之處，不瞭解自己潛在的優勢，就很難憑真本事去競爭，就很難在優勝劣汰的環境中顯出實力，那麼她們的願望也只能成為願望。要想施展自我，要想不被別人牽著走，女人只有認真地剖析自我、確認自我，盡力開發自我價值，才能真正地實現自我。

或許妳的樣貌比不上女明星的嬌美，妳的財富微不足道，但妳大可不必妄自菲薄、自慚形穢。妳的勤奮刻苦，自強不息，誰又能不承認這就是妳人生的一大亮點呢？

世界上沒有兩片完全相同的葉子，即使是雙胞胎，姐妹倆在言談舉止等方面有諸多的相似之處，但在其他人眼中，她們依然具有自己的個性，是人世間任何一個「她」都無法比擬和取代的。

「尺有所短，寸有所長」，別人有別人的優勢，妳有妳的長處，沒有太多的理由拿自己和別人去比較，更沒有必要因為這種無意義的對比而給自己造成不必要的心理壓力。

每個女人都有自己獨特的能力和才能，別人是塊金子能閃閃發光、燦爛奪目，就算妳是塊煤炭也能熊熊燃燒、溫暖世界。

打倒自卑，是彪悍青春的必經之路

「我搞不懂我是誰，不知道自己將來是否會搞懂。如果我搞懂了，那我會努力實現自己的人生。」

——希拉蕊‧柯林頓

希拉蕊於一九四七年十月二十六日出生在美國中西部的伊利諾州派克里奇的一個普通的中產階級家庭裡。

父親休‧羅德姆是個有著古怪性格、脾氣暴躁且鬱鬱不得志的男人。像所有專制的家長一樣，羅德姆夫婦致力於把唯一的女兒打造成他們心目中的完美女孩。但恰恰事與願違，由於父親的強勢，希拉蕊未能發掘出真正的自我。

希拉蕊的完美主義情結，讓她能夠為了贏得父母、師長的認可而堅持不懈的努力，凡事做到最好，但是因為發揮不出自己百分之百的能力，也曾讓自卑在她的青春期猛烈滋生。

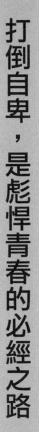

一九六五年的秋天，希拉蕊帶著父母的期許，來到了離家千里之外的威爾斯利學院。在這樣一個人才濟濟精英薈萃的環境裡，希拉蕊的自卑情緒很快爆發了。

一天晚上，她撥通了父母的電話，在電話裡哭訴內心的所有孤獨與不適：她的同學們大都是三不五時就能坐著飛機環遊世界的富家子弟，衣櫥裡動輒掛著數件上萬元的衣服，每逢週末開著高級跑車去盟校約會。

反觀希拉蕊，別說車子，就連一件高級衣服也沒有。最讓希拉蕊失落的是，她意識到自己不是這裡學習成績最優異的人，即使經過刻苦學習也是成績平平。那時的希拉蕊，與後來美國人所見識到的野心勃勃，聰穎過人的女政客有著天壤之別。

所以，克服自卑是青春期的希拉蕊所要攻克的第一個難題。

明白了這一點，希拉蕊開始和自己展開激烈的博弈。

例如，對著鏡子大聲練習能提升自信的口號；凡事自己做決定，切斷來自父母的精神支援；樹立遠大志向；向優秀的人靠攏等等一系列方法。如此堅持不懈的努力，讓希拉蕊原本灰茫茫的青春，走向了一個明亮寬廣的世界。

沒有誰一出生便具備領袖氣質，沒有誰從不打磨便能成就剛強的性格。

卡耐基的夫人就曾說過：天下無人不自卑，無論是聖人賢士，富豪王公，還是貧農寒士，販夫走卒，在孩提時代的潛意識裡，都是充滿自卑感的，並且很有可能延續到成年。

大到窮困、發育矮小、不貌美、不機智、得不到應得的愛，受不到應受的贊許，後臺沒有人家的硬；小到鞋子不如人家貴，胸部沒有人家大，男友的車是小車而別人家的男友是高級轎車……諸如此類，都有可能誘發女性的自卑感。

當內在的安全感不足，外在的物質條件不優越，社會競爭越來越激烈，但凡是個女的就能被男士「憐香惜玉」的年代已經一去不返，女人當男人用，男人當超人用，人生道路上所遭遇的挫折和失敗的打擊，較舊時代的女性，多出十幾倍。

這樣一來，懷有同樣多愁善感的女兒心的現代女性們，自我能力與潛質便會頻頻遭受質疑，稍一不留神，自卑感便會攻克女人內心。

但自卑不是絕症，對其症下對藥，是完全可以將其昇華成個人魅力的一種的。怕只怕，大多數女人在這個物欲橫流的年代病急亂投醫，硬生生將自卑轉化成不好醫治的頑疾。

表現之一是消極認命，認為自己天生不如別的女人，更不要說和男人齊頭並進，並且堅信自身不具備任何可供發掘的潛質。她們通常會選擇找一個各方面都「差不多」但經不起歲月推敲的男人草草開始一場婚姻，以此來當擋箭牌，而放棄個人的努力和奮鬥。

表現之二比較嚴重，屬於「破罐子破摔」的類型。她們通常自卑心理嚴重，加之時運不濟，總是比別人多遭遇了一些挫折，故此沉淪，自毀前程。頑固不化的將人生都向極端，直到退無可退，最終落得悲慘收場。

表現之三是像希拉蕊這種對症下藥，勇於超越的一類型。她們承認自卑的事實，接受自己確實在某些方面不如別人，但她們不會讓自卑感控制自己。與其因自卑而悲觀喪氣，庸碌一生，不如變自卑的弱點為奮鬥的力量，扼住命運的咽喉，奮鬥一生，超越自己。

不妨學學希拉蕊，給自己多一些的積極的心裡暗示。一旦有幾個小成功的例子，自卑感便會逐漸被自信所取代。堅持不懈的努力下去，一定會有驚人改觀。

另外還有比較不錯的心理暗示：補償心理。補償心理是一種心理適應機制，從心理學的角度來分析，這種補償其實就是一種「移位」，克服自己生理上的缺陷或者是心理上的自卑，把更多的精力用於發展自己其他方面的長處、優勢，趕上或超越他人的一種心理適應機制。

這種心理機制的作用，使自卑感反倒成為許多成功人士的動力，他們的自卑感越強，尋求補償的願望就越大，成就大業的本錢也就越多。

獨立思考，特立獨行才能成就非常

我的同班同學這樣講過：「對我們來說，入學時，威爾斯利是一所女孩子的學校；離開時，威爾斯利是一所女子學校。這段感言道出了我們的轉變。我初到威爾斯利時，還抱著父親的政治觀點與母親的夢想。四年學習下來，我已漸漸能獨立思考。」

——希拉蕊．柯林頓

一九六五年希拉蕊剛到威爾斯利學院時，是抱著獨立起來的信念到來的。但是這個來自中西部的鄉下女孩，之前一直生活在父母的羽翼之下受到相對周全的庇護。突然間，她來到了一群令她感到自慚形穢的優越女孩之間，希拉蕊感到了膽怯和孤獨。她感覺自己就像身處陌生環境的局外人，身邊的一切只在圖片中見過。

但是很快，希拉蕊就認清了形勢，自己考取並選擇的這所學院聚集了眾多行使在人生快車道上的魅力四射、才藝出眾的年輕女士，她們中間的許多人都是初次站在人生大舞臺上，正躍躍欲試，想要成就一番事業。如果希拉蕊要和她們競爭，就必須有自己獨特的方式。

母親經常教導希拉蕊：「妳可以做任何事，渴求任何事，沒有任何理由要求一個女孩子設定比男人們低的人生目標。」所以在威爾斯利讀書期間，不管在政治上，還是在性別角色上，希拉蕊根本不在乎自己的行為舉止是否符合以往的規範。

四年後的大學畢業典禮上，希拉蕊作為學生代表發表了成功的演講。典禮結束之後，希拉蕊以打破常規的方式向威爾斯利告別：她躍入了了宿舍旁的韋班湖。從那之後，希拉蕊的人生裡總是不乏類似的驚人舉動。

艾森豪說過：「成功的卓越的領導者必須有自己獨特的思考方式，在遇到阻力的時候，必須有自信。」

獨立自主不僅意味著行動上的自立，而且意味著思想上的自立，即凡事能獨立思考。成大事者大多善於思考而且是獨立思考，女性朋友們，只有養成了獨立思考的個性，才能在風風雨雨的事業之路上獨闖天下。

拉開歷史的帷幕就會發現，古今中外凡是有重大成就的人，在其邁向成功的道路上，都是善於思考而且是獨立思考的。

那些成功的女性，她們的經歷都展現出一個道理：獨立思考是一個人成功的最重要、最基本的心理品質。所以，養成獨立思考的品質是女性成功必備的條件。

一個獨立自主的人，凡事都有主見，她不會去做效顰的東施徒增笑料，只要是力所能及，會獨立思考、解決，因為她知道，輕信別人的觀點往往會使人失去獨立性，而沒有自己獨立的人格，只依賴別人永遠不會成功。

依賴使一個人失去精神生活的獨立自主性。依賴的人不能獨立思考，缺乏創業的勇氣，其肯定性較差，會陷入猶疑不決的困境，一直需要別人的鼓勵和支援，借助別人的扶助和判斷。

有這樣一種說法：同樣的一個創意、一條新路，走第一的是天才，走第二的是庸才，走第三的是蠢材，走第四的就要入棺材了。不主動開動腦筋思考，一味地從眾，跟在別人後邊走，就不可能有所創新，也不可能會成事。

那麼，女性怎樣才能做到獨立思考呢？

1. 不要盲從

在生活中，這樣的現象也有很多：有人擺地攤賣帽子賺錢了，頓時妳發現，很多人擺起了地攤賣起了帽子；有人投資股票了，周圍的人看見也跟著買了幾支股票……做事情不根據自己的能力、特長，也不獨立思考，而一味地隨波逐流，失去判斷力。

能否減少盲從行為，運用自己的理性判斷是非並堅持自己的判斷，是能否成事的關鍵。

2. 不依賴人言

要成就一番事業或工作，總會聽到許多反對意見。

這些意見或來自朋友與親近的人，他們從自己的角度考慮，或純粹是為我們擔心，可能不贊成我們的做法；也可能來自那些對我們心懷惡意的人，他們誣衊、攻擊、誹謗，把我們所要做的事說得漆黑一團。

面對這種情況，如果我們不能明辨是非，缺乏獨立思考的精神，我們就可能半途而廢，甚至事情還沒做就夭折了。要想有所成就，就必須如一句西方格言所說：「走自己的路，讓別人去說吧！」

3. 不依賴經典

不依賴過去的經驗和成見。遇事要問為什麼，要經過自己頭腦的思考，絕對不可盲從，不能有「奴隸主義」。不唯上、不唯書、要獨立思考。

4. 不要固執己見

一個人有主見、有頭腦，不隨人俯仰，不與世沉浮，能夠獨立思考無疑是值得稱道的好品質。但同時堅持獨立思考還要注意不要固執己見。

獨立思考並不排斥相容並包，海納百川。真正的獨立思考的自立者，是能夠充分利用各種資訊並果斷作出判斷和選擇的人，而看上去頗有主見，實際上剛愎自用之人，充其量只是莽漢，而非具有獨立精神的自立自強者。

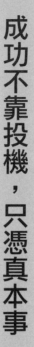

成功不靠投機，只憑真本事

「我不想這樣贏。如果我們不能憑真本事贏的話，我們將來就不會成功。」

——希拉蕊・柯林頓

在柯林頓競選阿肯色州眾議員的最後幾週，當地一家公司稱願意提供一萬五千美金用於他的競選，言外之意是這筆錢可用於在阿肯色西北部一些地方換取選票。當然，這需要交換條件，如果柯林頓成功當選，這家公司希望得到一些政治回報。希拉蕊大聲對柯林頓說：「不行，你不能參與這種事情。」

當一名競選顧問詢問柯林頓：「你想贏還是想輸？」還沒等柯林頓回答，希拉蕊替他說了：「我不想這樣贏。如果我們不能憑真本事贏的話，我們將來就不會成功。」

一九七四年十一月五日投票日的當天晚上，柯林頓的對手勝出，得票僅比柯林頓多六千張，當初建議柯林頓用錢換選票的競選顧問堅持認為如果用了那一萬五千萬美元的支持，柯林頓絕對會勝出。雖然這次失敗讓柯林頓和希拉蕊很失望，但並沒有讓他們灰心。幾天後，柯林頓在菲耶特維爾市與支持者熱情握手，感謝他們，並開始策劃自己的下一次競選。

這就是希拉蕊，獨一無二的希拉蕊，她用實際行動告訴天下女人們一個成功的原則，那就是：成功不能靠投機取巧，只憑真本事。

一本雜誌上曾經刊登一段說給女性的話，很耐人尋味，認為對於女人，「短期，姿色最重要；長期，智慧最重要；一生，實力最重要」。

實力是什麼？實力就是真本事，就是正派的品行，超強的能力，務實的精神，三者缺一不可。

仔細品味自己身邊的成功女性，無一不具備這樣的真本事。那些靠走後門、潛規則投機取巧獲得的成功只是暫時的，經不起時間的推敲。一個能成大事、受人尊重的女人，僅憑財富、美貌和文憑遠遠不夠的，還要靠高人一籌的智慧和不斷提升的真本事。

有些女性在工作中習慣於利用女性身分找藉口，「我要早點回去接孩子」、「這種累人的事應該讓男人來做」、「我住得遠，十點以前必須回家」……要知道，「女士優先」的規則不適用於職場，男女在生理上的確有不同，但總拿性別當藉口會招致別人的反感。

據調查，在這個女人當男人用，男人當牲口用的年代，有百分之七十八的經理人認可「職場中性」。這說明在職場中，老闆看中的是業績和能力，而非性別。

工作中，沒有人因為妳是「嬌嬌女」，會使用「淚彈」，就降低對妳的要求，為妳大開方便之門。職場中是沒有性別可言的，一切都靠實力說話。

說穿了，那些總是強調「我是女性，這樣的事我做不來」的女性朋友們，還是對自己的能力有懷疑。連太空人和飛行員都有女性了，妳的工作會難過她們的嗎？

性別是塑造的，而不是與生俱來的，這個理論是女性主義理論的一個分支。這部分女性主義者，認為人不應該按照性別區分，而應該按照性情區分。

妳做一項工作，不是因為妳是男性或是女性，而是，妳適合做這個工作。

當妳想用性別優勢在職場上討點便宜，可要三思而後行，就算妳周圍沒有狂熱的女權主義者。要知道，從生理上講，女性永遠是弱者，一個成年女子的肌肉力量僅僅相當於一個十四歲的男孩。但是，妳越強調自己的弱，妳就越不可能變得強大。要明白，妳是妳，其次，是一位女性。只有這樣，妳才能在這個仍然處於男權統治下的社會生存下去。

當今職場，廣闊的舞臺為女人們提供了成功的無限可能。作為一個不甘平庸的女人，要想儘快脫穎而出，邁向事業的頂峰，是必須要有真本事在身的。

從「想成大事」到「能成大事」，這中間有一個漫長的過程要走。女人們要抵得住頭腦發熱的衝動，不計後果的盲動和各種各樣的誘惑，要像希拉蕊一樣堅信，只有憑真本事贏得的成功才是真正的成功。

打破常規，成功者走的都不是尋常路

「規則和紀律一定要遵守，但這絕對不應該成為你墨守成規的藉口。」

——Compass集團總裁約翰·克里斯勞

打破常規，挑戰傳統，高中時的希拉蕊就如此想，也如此做了。

一九六四年，希拉蕊決定競選高三學生會主席，儘管希拉蕊當時已擔任高二學生會副主席，這個決定是在挑戰傳統，因為在派克里奇，女孩子一般不會競選正職。與她一起競選的一個男生對她說：「如果妳認為自己真的能當選，那未免也太愚蠢了。」這句話深深傷害並刺激了希拉蕊，這更增加了她競選的勇氣和信念，在面對五千名學生的競選演講中，希拉蕊不卑不亢、平靜直率的姿態征服了老師和學生。儘管希拉蕊沒有成功當選。但她也沒有自暴自棄，而是迅速走出失敗的陰影，尋求新的挑戰，包括擔任學會生組織委員會的負責人。

多年以後，在柯林頓當上總統之後，希拉蕊沒有遵循傳統做一個「安分守己」的第一夫人，而是躋身白宮權力中心，更多的參與國家政策的制定和執行中，基於此，希拉蕊向紐約州參議員甚至總統寶座發起攻擊。

女人要想成功，其中很關鍵的一點，就是要像希拉蕊這樣敢於打破常規，挑戰傳統，這是因為任何事物都不是絕對的，即使是合理的法律與規則也並非能適用於各種場合、各種環境。我們要努力爭取的，不必總是嚴格按規矩辦事，不必時時刻刻考慮社會環境的需要。否則，妳就是一個毫無主見、隨波逐流的人。

社會進步與個人發展都需要敢於打破常規，不拘於常理，不需要事事順應潮流、聽天由命。而且推動社會進步的往往是那些具有革新精神、敢於打破常規、改造環境的人。

作為社會群體中的一員，每個人都不可能是一個完全孤立的個體。然而，「林子大了，什麼鳥都有」，我們的思想不可能迎合所有的人，我們的行為可能時時受到世俗的約束與制約。這些約定俗成的規則，常常把我們的思維、行動限定在四堵高牆之內。

然而，打破常規，意味著妳否定了其他人所信奉的行為標準，他們自然會不以為然。「正常」人可能不贊許妳，甚至會孤立妳。人們或許會認為這是離經叛道；也有人可能會說妳別出心裁，標新立異。然而，既然要成功，就應對此有所準備。如果妳的心過於封閉，不能接納別人的新的觀念，就等於鎖上一扇門，禁錮了妳的心靈。褊狹像一把利刃，切斷了許多機會及溝通的管道。打開妳的心，讓想像力自由翱翔，進而培養豐富的創造力。

一百多年前，萊特兄弟嘗試飛行時，受到了旁人的嘲笑。但不久之後，林白成功地飛越了大西洋。到現在，如果有人預言人類將移民到月球上，也少有人會懷疑它的可行性了。

封閉的心像一池死水，永遠沒有機會進步。故步自封的人往往會受人輕視，擁有開放的心，才能充分利用成功的第一原則：一個人只要對自己的信念堅定不移，就沒有做不到的事情。思想開明的人，在各行各業都有傑出的表現，而故步自封的愚者仍然高聲喊著：「不可能！」妳應該善用自己的能力。妳是否常說「我會」及「我做得到」，或者只會說「沒辦法」，而在此時別人已經做到了。妳必須對自己、對妳的夥伴及造物者、對整個宇宙都有信心，這樣才能擁有開放的心。

迷信的時代已經過去了，但偏見的陰影依然籠罩著。好好檢討妳的個性，就能夠撥雲見日。妳的決定是否理性並合乎邏輯，而不會受到情緒及偏見的影響？對於別人的言論，妳是否在專注地傾聽及思考？是否求證事實，而不相信道聽塗說及謠言？

人的心靈必須不斷地接受新的思想的洗禮和衝擊，否則就會枯萎。作戰時要常利用洗腦的方式，以改造敵人的思想。徹底孤立一個人，可切斷書籍、報紙、網路、電視等所有外界的資訊來源，在此種情況下，智慧因為缺乏營養而死亡，進而使一個人的意志力迅速崩潰。

妳是否把自己的心關在社會及文化的集中營內？妳是否阻礙所有成功的思想對自己進行洗腦？若是如此，現在就是掃除偏見的時候。讓智慧增長，打開妳的心，讓它自由！

CHAPTER 3

氣場，讓希拉蕊卓爾不群的無形利刃

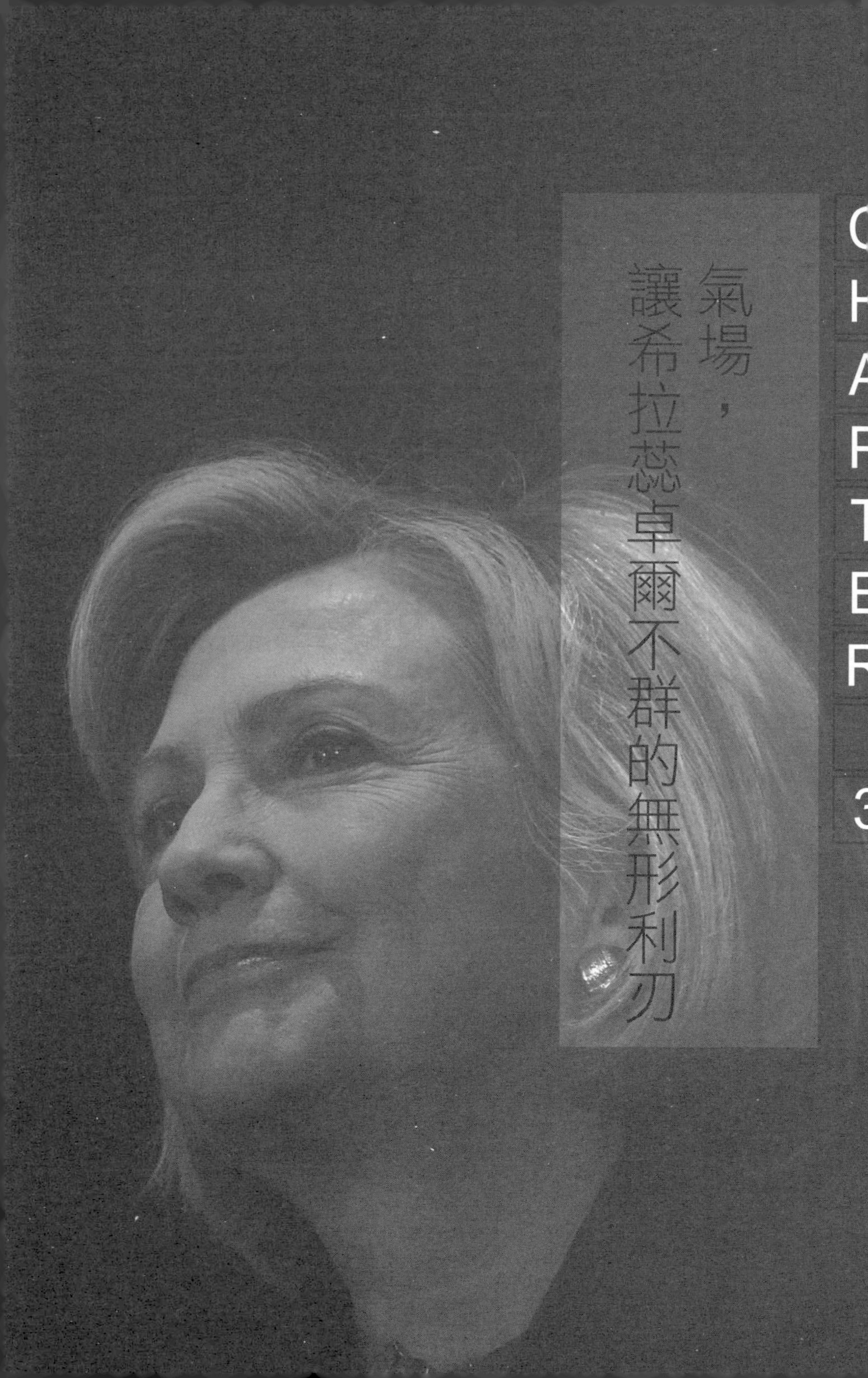

把氣場穿在身上，SHOW 出強大氣場

「讓她多穿穿裙子，把褲子留給柯林頓吧！」

——美國民眾

一九九三年一月二十日是柯林頓就任美國總統的日子，但在就任當天，很多人都認為，希拉蕊的風頭，遠遠蓋過了柯林頓。

自從賈桂琳‧甘迺迪之後，從來沒有誰像第一夫人希拉蕊這樣受到媒體和公眾如此熱烈的關注。

當希拉和柯林頓乘坐的總統轎車經過歡慶宣誓的遊行隊伍時，「希拉蕊！我們需要希拉蕊」的尖叫聲越來越高漲。在群眾們的歡呼聲裡，希拉蕊和柯林頓以及他們的女兒雀兒喜下車開始了步行。

那是一個晴朗但寒冷的午後，但希拉蕊卻把她的大衣留在車上。那天的希拉蕊，戴了一頂灰藍色的帽子，愈加顯得莊嚴而優雅。希拉蕊的上身穿了一件羊絨套領毛衣，

金色的長髮鬆鬆的綁在一起，似乎在上演一場輕鬆的時尚表演。

總統就職的那幾天裡，希拉蕊經常每天換三、四套衣服，每一款的樣式幾乎都是在豔麗的套裝外面披上飄逸的大衣或者絲巾。

在希拉蕊看似不刻意為之的著裝下，其實暗藏著一顆澎湃的蓄勢勃發的心。儘管在希拉蕊的服裝並非出自著名設計師，但無論她穿什麼，人們都能看到她強大的氣場。

氣場是可以「穿」在身上的，只要外表美麗，就容易獲得優待與肯定，氣場也會飆升。但凡受人歡迎的氣場女人，一定是有不俗外表的女人。外表漂亮的女人不僅容易在辯論中獲勝，而且在說服別人時成功率也比較高。

在社交場合，外表漂亮的女人相對來說顯得更為自信，更有氣場，因為她們認為生活就操縱在自己的手裡，她們不會受命運和環境的擺佈。

希拉蕊算不上是一個漂亮的女人，她美麗絕對及不上好萊塢女明星的驚豔，但她絕對是一個有氣場的女人。我們不妨把這個美國第一夫人一分為二：外在的一面和內在的一面。

外在，顧名思義就是她穿什麼風格的衣服，梳什麼樣的髮髻，戴什麼樣的首飾。

而內在，就是她的文化修養和精神氣度。氣場也像是一個木桶，缺少哪一塊，都不能裝足夠多的水。

作為一個身處政治核心的女人，希拉蕊的一舉一動都受到世人的矚目。她的穿衣打扮在亮相的暫態就會引來輿論的種種聲音，成為全美媒體炒作的熱點。不論她穿什麼都會引起全美婦女的極大興趣和跟風熱潮。

得體而恰當的著裝就是擁有如此大的氣場，而當妳僅把衣服當做禦寒品，當妳選購一件衣服只為舒適，那麼妳不得不悲慘的承認：妳已經老了。

穿出氣場，首先要瞭解自己。每個人的身材都有其特點，也各有其缺點，妳不是九頭身美女，想要擁有完美的黃金比例身材，先天不足，那就得「後天補之」。

在二00七年競選總統時，希拉蕊的身材看上去比過去更加勻稱，因為她大膽嘗試快速減肥法，在短期內成功減掉七公斤贅肉。甚至有媒體懷疑她花費鉅資進行了整容手術，因為她看上去下巴尖尖，皮膚飽滿有光澤，沒有一絲的疲倦和老態。

幹練、熱烈的套裝是希拉蕊現在的風格，而她層次豐富的短髮，讓她顯得年輕與積極。鑽石首飾與她凌厲的眼神，果斷的作風相得益彰。服裝的選擇，其作用就是這樣神奇，想要知性美其實簡單的很，就怕妳不肯學。職業女性的用色都比較堅硬，要增強親和力和時尚氣息，最簡便的方法就是用明快色彩的套裝，另外，給人明潤感的珍珠項鍊、耳環也最為有效。

一直到現在，還有為數不少的女性固守著「心靈美才是真的美」的老土準則，不打扮還認為自己很個性。但是誰都知道，這是一個注重外貌的時代。內在修養當然很重要，但是，妳怎樣讓別人認識妳的美麗心靈呢？

不論是誰，第一眼吸引他人的肯定是外表。這並不是因為淺薄，愛慕虛榮，華而不實，恰恰相反，重視外表展現著妳的良好修養。因為，很多時候我們打扮自己並不只是為了自我滿足，也是對別人的尊重。大眾運輸工具裡邋裡邋遢，好像一個星期沒換過衣服，沒洗過澡的乘客，誰站在他身邊都會皺眉頭吧。干物女之類的人，只是在影視劇裡比較可愛而已。

「衣服是少數幾種我們所有人都擁有的事物之一，因此也是進行廣泛溝通的最有力工具之一，每個人都能用到。」熟練的掌握這中工具，忽視它，無視它，則一定會變成一種阻礙，這絕對不是危言聳聽。

沒有博大胸懷，何處安放強大氣場

比爾組織一個教育標準委員會，並且想請我擔任主席。改善學校狀況的過程中，要面對教師工會、民權團體等組織大會的不滿，但我們拒不讓步。如果老師自己都不合格，憑什麼要求學生達到全國平均水準。雙方劍拔弩張、你來我往，有一位學校圖書館管理員甚至罵我心如蛇蠍。我盡力記住我挨罵不是因為我是誰，而是因為我代表的東西。

——希拉蕊・柯林頓

一個人的氣場強大與否，和他的心態是成正比的。

希拉蕊從一開始涉入政壇開始，周圍就不乏非議之聲。如果面臨這種非議，希拉蕊的反應是抱怨牢騷，喋喋不休，那麼她的氣場可能非但影響他人，甚至會極度惹人厭惡。

凡是見過希拉蕊的人無不被她的氣場所折服，在強大的氣場之下，希拉蕊為她後來的團隊吸引了很多精英的人才，可以說，希拉蕊的個人能力在整個美國政壇上並不是最強的，但是，希拉蕊正是依靠他強大的氣場所產生的凝聚力讓「希拉蕊地盤」這艘大船在順利航行。

希拉蕊氣場的祕密就在於寬容與愛。

見過希拉蕊的人都知道，她有一副招牌式的微笑，她的微笑總能讓人如浴春風，減少距離感。所以希拉蕊的氣場總是那麼有親和力

而正是這份寬容與愛帶來的人格氣場，才把「各路神仙」吸引到希拉蕊的身邊，我們都知道，現實生活中也接觸過，一些厲害的人並不好相處，因為他們的氣場總是比較強硬。而在美國政壇這樣一個政界高手密集的場合裡，希拉蕊周圍的「高手」就有很多。希拉蕊從不吝嗇承認他們的優點，對於優秀的人，希拉蕊總是給他們一個自由的氛圍，讓他們自由發揮，並用博大的胸懷處理這其中可能遇到的矛盾和糾紛。

能讚揚就讚揚，能不計較就不計較，這是身為美國國務卿的希拉蕊最樸素的信條，也是她強大氣場的來源之一。

有的女人總是忍不了委屈，一旦覺得自己吃虧了，情緒就極易波動。於是，有一些人會暗自發牢騷，向朋友傾訴自己所受的委屈，甚至在心理上開始排斥那個欺負她的

人，發誓不再跟那個人有任何的來往。也有一部分人，會沖上去跟對方理論，寧可撕破臉，也要讓對方明白自己的不滿，並且讓對方看到自己的強烈抗議，讓對方知道自己並非軟弱可欺。

其實，在妳衝上前理論的一剎那，妳已經在生活的棋局上輸了一盤。因為妳會生氣，證明妳的胸懷還不夠寬闊；妳會翻臉，則把自己變成和對方一樣的人，自毀了身價；妳浪費力氣來反駁，則影響了妳自身的發展壯大。所以，不如把生氣的力氣都用來壯大自己，讓別人看到妳寬闊的心胸、淡然自信的氣質以及不斷強大的氣場，收回他曾經的出言不遜。

要記住，生活在一個圈子裡的人，怎麼可能不產生矛盾？對方或者看輕妳了，說話傷害到妳了，但妳不是一定要撕破臉。

生氣不如爭氣，把對方對妳的輕視看成是一種促使妳向上的動力，做出成績讓他們看看，他們的看法是錯的，讓他們自己去悔悟，這樣往往要比妳自己衝上去更加有效果。

誰的人生都會遭遇質疑和委屈，沒有一個人能說「我的人生之路是平坦的」。但是，妳該怎樣面對妳的人生？面對那些否定妳或者看輕妳的人，衝上去理論無疑是最不明智的行為。

在經歷了別人的輕視時，在承受了人生的冷遇時，生氣不如爭氣，翻臉不如翻身。你說我不行，我偏要讓你看看，我可以，我做的到！

良善希拉蕊，為氣場添加溫馨味道

在清邁的「新生活中心」，我見到了一位十二歲的女孩。她在八歲時被染上鴉片煙癮的父親賣掉，之後幾年中她也曾逃回家過，但隨即又被賣回娼館。她還只有十二歲，卻因染上愛滋病只能在此等死。她瘦得皮包骨，但當我走近時，仍使出渾身力氣將雙手合攏。我只能無助的看著她，跪在她的椅旁。我所能做的只有緊緊握住她的手。

——希拉蕊・柯林頓

在希拉蕊訪問南亞的行程中，隨行的攝影師和記者看到了一個舉止端莊的母性希拉蕊，她像一個使者，把愛撒播到所到之處。希拉蕊尊重當地習俗，每次進入清真寺和宗教傳統地區，希拉蕊便戴上一大堆頭巾，著當地服裝。在印度特雷莎嬤嬤孤兒院，把嬰兒一個個包裹在繈褓裡，她們都是被拋棄在大街上的女嬰。同時，希拉蕊也收穫了人們對她無限的尊敬和愛戴。希拉蕊就是這樣的女人，她魅力十足，能夠輕而易舉地把周圍的人引入她的軌道，讓人難以抗拒的，正是妳的氣場所在。

不能去關心這世上的苦難人們，就從身邊的人開始關愛吧。不管妳有多忙，都不要敷衍家人、朋友、戀人、同事。輕柔地說，專心地聽，把每一次談話都當做今天妳心裡最重要的事。交談時請凝視孩子們和伴侶的眼睛。摸摸貓，拍拍狗，對妳遇見的每一個生靈都慷慨施愛，當一天結束的時候，妳會驚奇的發現，自己已經成為一個氣場如此強大的人了。

生存的世上，不僅有嗜血無情的戰爭販子，也有腐敗墮落的政府官員；不僅有著流血和死亡，也有著欺詐和虛偽；不僅有著紙醉金迷的享樂，也有著聲色犬馬的誘惑。這些，不是我們能夠無視其存在的，也不是我們能夠蕩滌殆盡的。但是，我們能在自己的心裡將這些東西清掃乾淨，還自己一片潔淨的空間。應該相信，「我們的生活是由我們的思想造就的」，如果我們每個人都能愛護自己，愛護自己善良、樸實的天性，愛護自己懂得愛並珍視愛的心靈，讓自己的內心始終保持一塊純淨生動、仁愛無私的淨土，永不放棄對真誠的情感、對善良的人性、對美好的人生毫不猶豫的、執著堅定的追求，即使我們不能使所有人的世界變得更美好，至少也可以使自己的世界更美好。

相信這個世界上還有愛，加入那個傳播愛的隊伍，妳慢慢就會發現，愛擁有傳染的魔力，它可以波及任何人的心靈，即使是那些所謂的壞人，在他們靈魂的深處也還保留著一塊溫軟的園地，可以感受愛，可以感動。就像歌裡唱的那樣：「如果人人都獻出一點愛，世界將變成美好的人間。」誰不願意生活在美好的世界裡呢？

所以在我們的生活中，妳經常能夠看到各種「獻愛心，送溫暖」的活動，因為在大家的心中還有愛，愛心讓這個世界充滿了溫暖。

那麼，對於女性來說怎樣才能用愛心贏得愛心和尊重呢？

1. 擁有一個好的心態

心態決定一切，一個健康、善良、樂觀的心態會讓妳化身為愛的使者

2. 換位思考，站在別人的角度上去體會他們的感受

這是理解別人的最好方式，也許妳認為別人的不幸遭遇沒有什麼大不了的，但是如果換位思考，換成是妳遇到了類似的事情，一定也會希望得到別人的幫助，而憎恨那些無動於衷，只會說風涼話的冷血人。

3. 慷慨解囊，不吝嗇自己的錢包

錢財乃身外之物，也許妳少買一件衣服一件化妝品的錢，就足夠貧困之家一個月的生活費。

4. 持之以恆地去做善事

做一件善事容易，做一輩子善事就不容易了，所以我們要把善事進行到底。

寵辱不驚，氣場就來了

「婚姻沒有十全十美的，但是它的不完美並不意味著我們唯一的出路就是走開並放棄它。」

——希拉蕊・柯林頓

希拉蕊在回憶錄中寫道，一天早上，柯林頓把她叫醒，告訴了她一個壞消息。有新聞報導說他和一名前白宮實習生有染，並說他還要求這名實習生對律師說謊……。

「一個早上聽到這麼多壞消息，令我很難消化。但我知道，比爾和我還得善盡日常的職責。」

這就是希拉蕊，即使面對如此令人沮喪的消息，依然不忘自己的身分和職責，表現出一種寵辱不驚的強大氣場。

驚慌失措絕對不是氣場十足的女人應該做的事，越是遭遇人生重大挫折，越要想得開、看得開。可能就在妳不斤斤計較生活中的得失，超脫世俗困擾，遠離紅塵誘惑，視功名利祿為過眼雲煙之時，這種淡定的心境，就構成了一種磅礡的大氣場。不是看破紅塵心灰意冷，也不是與世無爭、冷眼旁觀、隨波逐流，而是一種修養、一種境界。

拜倫說：「真正有血性的人，絕不乞求別人的重視，也不怕被人忽視。」愛因斯坦用鈔票當書簽，居禮夫人把諾貝爾獎牌給女兒當玩具。莫笑他們的「荒唐」之舉，這正是他們淡然的平常心的表現，是他們崇高精神的折射。他們贏得了世人的尊重和敬仰，也震撼了我們的靈魂。

淡定貴在平常，對待外物得失的超然只是其外在表現，真正淡定的是一顆心。希拉蕊內心修煉至寵辱不驚的境界，不僅會正確對待得失，更會在人生大痛苦、大挫折前波瀾不驚、生死不畏。因為胸懷萬物，生活永無大喜大悲。利不能誘，邪不可侵，心能昭日月。上不負天，下不愧人，桓頹其奈我何？旦夕禍福，知天達命，不違自然。從最平常的事物中，發現至真至美。絕不用別人的錯誤來懲罰自己。小人常常得志，不以為奇；君子坦蕩蕩，小人常戚戚，得意能幾時？無端欺我，是他有病，我無恙也。知苦不苦，識甜愈甜，是中有真意也。

擁有一個淡定的心態，笑對一切，得而不喜，失而不憂，進而把自己的氣場提升到一種寵辱不驚的境界。順流也好，逆流也罷，內心的堅強會讓妳安然度過很多風暴。堅強讓妳無論面對何種境地，都能忠於自我，寵辱不驚。妳的生活不會被外界過多地擾亂，即使有短暫的狼狽，總會站起來繼續前行。堅如磐石的女性，任何榮耀虛名、多少狂風暴雨，都擊不垮內心的自我和堅定的信仰，淡定而堅強地經受一切磨礪，更能展現出身上強大的氣場和無與倫比的魅力。

所以，寵辱不驚是人生的至高境界。特別是對女性來說，我們更容易受到侵擾，變得迷茫並且脆弱。因而，姐妹們，在跌宕起伏中保持一顆平常心很重要。讓我們都做到不以物喜，不以己悲，寵辱不驚，去留無意，在平淡中給自己一份力量，在喧鬧中給自己一份寧靜。

如今，女人想事越來越難……之所以難，就是難於從躁動的情緒和欲望中穩定心態。所以，當我們急於出頭，急於求成時，不妨先把心潛下來，踏踏實實地走穩腳下的路，功夫既到，事情自然而然也就「成」了。

但凡成就大事業的女性，都有寵辱不驚的心智。寵辱不驚，才能接受自己和自己的境遇、以及生活。

當順風順水時，不會忘了自己是誰；當快要被悲傷和不順利打倒時，這樣的心態會為妳心靈築起堅固的堤壩，用來阻擋暴風雨的每一次侵襲。

寵辱不驚的女人總是有一種普通女人沒有的魄力。只有她們自己才能做自己情緒的主人，沒有人可以左右她們。不管她們是不是年輕貌美，都無損她們的魅力，都不會弱化她們的氣場。

寵辱不驚的女人能戰勝歲月。甚至，她們已經超越了歲月。因為她們把生活給的一切好的、壞的，都看成能為自己加分的砝碼。

當我老去，氣場猶存

競選紐約州議員的時候，參議員莫尼漢很大方的公開支持我，他說全國廣播公司主持人曾經說我「年輕、聰明、能幹，融合了伊利諾州和阿肯色州的熱情，一定很適合紐約州。她會受到歡迎，而且她會贏。」這番話讓我喜出望外，特別是他用年輕形容我。

——希拉蕊．柯林頓

有氣場的女人就算沒有美若天仙的外貌，起碼也應該年輕活力。真正的氣場十足的女人會讓歲月在她們身上發酵，進而修煉出超越年齡的魅力。

二〇〇九年的倫敦時裝週，Dior秀場。一位銀髮模特兒在骨瘦如柴的年輕女孩中獨領風騷。她就是有著「世紀超模」美譽的達芙妮．賽爾芙。當年七十九歲的她，身姿挺拔，步態優雅，一派女王風範。

二〇一一年二月的中國版《Vogue》的特別企劃「愛上每個年齡的自己」又請來已

經年過八十的達芙妮拍攝主題照。滿頭銀髮和深刻的皺紋，在黑白照片中衝擊力十足，讓人覺得這是自己所能想像到的八十歲的女人最美的樣子。

達芙妮說，自己從來不去染髮，也永遠不會去做整形手術。她現在的出場費是每場三千英鎊，D&G以找到她拍攝照片為榮。但她從來沒有忘記自己是誰，她認真完成每一次走秀，每一次拍照，「只要家裡的電話鈴聲還會響起。」

當記者問道如何保持美麗的時候，達芙妮說：「接受妳自己，親愛的，接受妳的樣貌，妳的年齡，發光的是妳的內心。」

瑪格麗特杜拉斯在《情人》中這樣說：「我始終認識您。大家都說您年輕的時候很漂亮，而我是想告訴您，依我看來，您現在比年輕的時候更漂亮，您從前那張少女的面孔遠不如今天這副被毀壞的容顏更使我喜歡。」

女人的年齡和男人的薪資一樣，似乎都是一個太忌諱的問題，大多數女人對自己的年齡避而不談。

有人說要想知道一個女人的真實年齡，那麼最好的方法就是看她的眼睛，一個三十五歲的女人，儘管可以透過注射玻尿酸讓自己的皮膚保持二十五歲時的豐滿緊繃，用高級化妝品讓自己的面色不落痕跡的紅潤動人，但是她卻不能偽裝出二十五歲女人的眼神。

而真正的氣場十足的女人，似乎連「偽裝」自己的化妝品也不需要，因為她們深知，年齡是用來告訴別人的，不是用來給自己的人生劃定界限的。

一個真正的氣場十足的女人，一定是一個不受年齡限制的女人。

也許每天她還是會坐在梳粧檯前花半個小時的時間化妝，但那並不是為了掩蓋自己日漸衰老的容顏，而是為了取悅自己，也許她還是會偶爾一身(卡哇伊)的裝扮，但是她知道成熟優雅的造型更能映襯自己的韻味，她也許依舊懷念年輕時候的青澀歲月，但是她卻不會因為眼角的魚尾紋而沮喪，因為她知道那是歲月的饋贈，每一條魚尾紋裡，都深藏著一個屬於自己的故事。

一個成熟的女人，在接受自己年齡的同時也會忘記了年齡，她會把自己當成女孩，即便一天一天老去，她依然是一個內心年輕。

不要在意自己一天一天的年齡變化，而是用妳的心去生活，無論別人怎麼做，妳都會快快樂樂。不用壓抑地去包容，不用費盡心機地忍讓或求一個結果，妳就是快樂，哪怕前一秒還哭著，後一秒就快樂。

別說做不到，一念之差，想快樂就快樂。只要妳快樂了，生活在妳周圍的人也會快樂。無論妳年紀多大，快樂的妳仍舊有青春的心理素質。

CHAPTER 4

追求卓越，奮進與成功是對雙生花

知性希拉蕊：讓思想走在閱歷前面

「我想成為一個書呆子，做一個廢寢忘食，在圖書館生活的書呆子。」

——希拉蕊．柯林頓

希拉蕊的童年是在派克里奇度過的，那裡家家戶戶最重要的共同點就是堅定不移地篤信教育。

希拉蕊的父母也不例外，從小就向希拉蕊姐弟三個灌輸教育觀念。「你們都要為了學習而學習。」母親桃樂西的話富有哲理。尤其在對女兒身上，桃樂西傾注了更大的心血，她希望女兒將來有更多的選擇機會，不僅僅只能充當丈夫高談闊論的聽眾。

桃樂西每週都帶希拉蕊上圖書館，而希拉蕊也總是在童書區流連忘返。桃樂西不提倡孩子們看電視，但是她會教他們玩動腦筋的填字遊戲與撲克牌，因為這可以開發智力。

希拉蕊曾經這樣回憶：「我的父母親告訴我，我的任務是上學，我有責任用心動腦筋。他們告訴我，教育將使我在生活中獲得更多的機會，如果我去上學，認真對待，努力學習，那麼，我不僅會學到東西，對我周圍的世界產生興趣，而且還會獨自打開各種知識的大門。」

希拉蕊旺盛的學習精力在她後來的政治生涯中也成為一大亮點。她在參議院時的同事說，學習會讓希拉蕊感到放鬆，在她不工作時，她貪婪的吸收資訊並感到愉快。

人類的欲望有很多種，且大多被賦予褒義的色彩。如果在我們的欲望中添加求知欲這一項，會讓欲望顯得美好許多。

多讀書，多吸收知識，這種良好的習慣發揚光大，最終會讓我們得到比使用昂貴化妝品更好的效果。知識的強大功能在於淨化我們的內心，提升我們的涵養，它能讓我們變得智慧，魅力無窮。

每個女人都會有一張欲望清單，小到一雙高價鞋子、限量版名牌包，大到精裝整修的新房、昂貴的跑車，甚至一個舉世無雙完美無缺的好男人。還有一些想得而不可得的東西，例如螢幕上女星的甜美容貌、姣好身材等等，諸如此類。

把女人的欲望清單鋪展開來，能夠看見一個女人因貪婪所挖掘而成，深不見底的黑洞。多少女人失足掉進這黑洞了，喪失了原本的純真美好，萬劫不復。

希拉蕊固然懷有著讓男人敬畏的野心和強勢的作風，但在她尚未涉足政壇時，對公益事業那份迫切的求知欲望，卻讓人們看見了一個最樸素的女人。

男人會和夜店裡性感妖冶的辣妹調情言歡，但他們真正願意娶回家的，是那些在圖書館在書店裡埋頭讀書的女人們。且不說她們在讀書時展現的美態，僅憑她們手執書本這個簡單的動作，精明的男人就能讀出很多東西。

首先，她的求知欲能夠帶動她性格裡勤奮好學的因子，女人勤奮好學，就不會完全徹底的依賴男人，她的勤奮好學會給她帶去生存的能力，換言之，這樣的女人能夠自力更生，不會成為男人的負擔。

書中自有黃金屋，書讀得多的女人，視野開闊，境界也比那些單純拜金的女人高出許多，她們不會只注意著物質，而是更多的注重內心、思想。這樣的女人娶回家，踏踏實實，高雅也有，生活情趣也不會少，也許還會和男人一起共論時事，成為絕佳的聊伴。

而那些求知欲為零的女人呢，一味的從外在上迎合男人的口味，只會給男人視覺上的刺激，卻很難觸動男人的內心。

給欲望清單裡加上「求知欲」這一項吧，並身體力行的去實施，相信這個欲望實施起來，會比跑車和豪宅更容易掌控！

年輕的時候，我們都有很有豪情壯志，也立志要做一番大的事業出來。但是，真正成功的人卻並不多，大部分人都是過著平庸的生活。究其原因，人們往往在年輕的時候心高氣傲，心境浮躁很難沉靜下來去求知。

培根曾經說過，人的知識和人的力量這兩件東西是結合為一體的；工作的失敗都起於對因果關係的無知。

求知能夠克服一些天性上的缺陷使人格變得完善。並且求知的起點就是自己本身。而不是屈從於父母、老師的壓力，而不是自己發自內心的熱愛，那麼在學習過程中，根本就激發不起來求知的興趣，也就很難再有勇氣去克服求知過程中的困難。

我們要想讓自己的求知過程能夠得到好的結果，就要首先清楚自己的具體情況，不能盲目跟風。最忌諱的就是心浮氣躁、急功近利的做法。

求知的過程固然是充滿艱辛的，但是只要有自己的堅定決心，就會有信心、有勇氣能夠超越困難，一步一個腳印踏踏實實地往前走。

切掉外界電源，一次只專注於一件事

「我們……必須對攻擊置之不理，把注意力集中在我們的現實生活上。」

——希拉蕊・柯林頓

希拉蕊因其著作《集全村之力》在這一年的葛萊美音樂節上獲得了「最佳誦讀專輯」獎。

希拉蕊在創作本書的時候，其寫作時的專注程度令很多同事感到敬佩。每天早上希拉蕊每天早上六點就套上厚毛衣，來到沒有暖氣的白宮辦公室寫作修改，直到開始辦公。公務結束後，再把編輯麗蓓嘉・塞爾利頓修改後的書稿帶到臥室，一直工作到休息就寢。

希拉蕊在休假的時候也要帶上書稿，和平時一樣創作修改。甚至於出國弔唁遇刺的以色列總理拉賓時，仍在飛機上斟酌書稿。

希拉蕊在寫作中表現出來的精力高度集中給美國最出色的編輯留下了深刻印象，麗蓓嘉・塞爾利頓在一次採訪中就曾提到「跟不上希拉蕊的節奏，真是累死了」。這就是希拉蕊行事的一貫作風：精神高度集中，力求把每一件事做到完美無缺。

如果說這世上有一樣東西上帝分配得絕對公平，那就是時間。無論是達官顯貴還是平民百姓，每個人都有不多不少的二十四小時。但是同樣的時間，辦事的效率卻各有不同。

女人天生就承擔著比男人繁雜的事物，因為身兼數職：母親、妻子、員工、媳婦……若想在成為事業家庭都成功的優秀女性，那在時間的利用上則更要科學。希拉蕊就是個運用時間的高手，一個成功的第一夫人，工作量遠大於坊間的任何一個普通女人，但她偏偏能在一場忙碌和辛苦的工作中，把每件事都安排得井井有條，這不得不讓那些多加幾個班就手忙腳亂的女人們欽佩。

其實祕訣只有一個：專注。

大人們常教育小孩子，要集中精神，玩時就好好的玩，讀書時就要專心讀書。但落實到自身時，卻常常做不到。

精神渙散是現代人精神缺陷最明顯的表現之一：上班時偷閒、聊天、上網，導致工作品質極差。下了班想休息時又要兼顧應酬和瑣碎的家務事。一天之中大概只有睡前是精神集中的，可是一不小心又會失眠……得不償失。

所以，無論是妳是誰，身處何職，進行有效的時間管理是非常必要的。

女人因為對數位邏輯天生不敏感，所以少有人會為自己羅列詳細的時間計畫，少有人會明確某一時間段要專注的攻克某一具體事項，通常都是東摸摸西摸摸，看起來很忙，實則效率低下。

仔細觀察那些經常埋怨沒時間減肥、Shoping、美容、聚會的女人們，妳會發覺她們經常一邊大喊時間不夠用，卻一邊休閒自得的和同事、鄰居、閨蜜吃著零食講電話，或者經常因為成績不佳挨老闆訓斥的女人，一邊敷著面膜一邊在電腦前奮筆疾書。她們總是把時間分散在各種各種的小事情上，然後埋怨時間不夠用，或者付出了時間效果仍不理想。

女人天生具備兩個特質，八卦和愛美。所以女人總是能輕易的原諒八卦和愛美帶給自己的麻煩。久而久之，注意力不集中的惡習就誕生了。

女人要想成事，就不能總停留在羨慕別人成功的基礎階段。

當妳選定自己的目標之後，全心全意地努力，不論多麼艱難的事情，有心加上盡最大努力付出，就不怕不能成功。

當妳抱怨著自己為什麼還在貧困線上掙扎的時候，何不把它用來專注地做一些事情呢?努力可比抱怨實際得多了。要學習希拉蕊的專注精神，選擇正確的道路，堅持走下去，專注地走下去，那麼幾年後，妳的人生會發生重大的改變。

在專注這件事上，螞蟻是最好的榜樣。牠們圍著一大顆食物，齊心協力地推著，拖著它前進，一路上不知道要遇到多少困難，要翻多少跟斗，千辛萬苦才把一顆食物弄到家門口。

螞蟻給我們最好的教益是：只要不斷努力、持之以恆，就必定能得到好的結果。

明智的人，如希拉蕊，最懂得把全部的精力集中在一件事上，唯有如此方能實現目標。明智的人也善於依靠不屈不撓的意志、百折不撓的決心以及持之以恆的忍耐力，努力在生存競爭中獲得勝利。

世界上無數的失敗者之所以沒有成功，主要不是因為他們才幹不夠，而是因為他們不能集中精力、不能全力以赴地去做適當的工作，他們把自己的大好精力東浪費一點、西消耗一些。

如果把心中的那些雜念一一剪掉，使生命中的所有肥料都集中到一個地方，那麼他們將來一定會驚訝——自己的事業上竟然能夠結出那麼美麗豐碩的果實！

勇於做自己最害怕的事才能走得更遠

「我想更上一層樓，就必須挑站自己最害怕的事。所以我決定搬到阿肯色，一個我從未住過，沒有親朋好友的相伴的陌生地方。不過我的心對我說，自己做了正確決定。」

——希拉蕊．柯林頓

在尼克森彈劾調查小組工作結束後，希拉蕊開始將注意力轉向柯林頓以及他們的未來。一九七四年八月，她決定去阿肯色州追隨柯林頓。

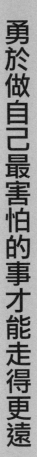

做出這個決定對希拉蕊來說並不輕鬆，因為在內心深處，她害怕阿肯色，不僅因為希拉蕊從來沒有去過那個遙遠的地方，而且更重要的是，去那裡就意味著放棄在華盛頓或者紐約那些著名的法律公司供職，她擔心自己不能適應在阿肯色大學執教的工作。

希拉蕊的朋友們都建議她留在華盛頓或者紐約這些大城市，這樣對未來有好處。但希拉蕊大膽地邁出了和柯林頓風雨同舟的第一步，她堅信自己無論在哪裡都可以過得很充實。如果要讓自己的人生更進一步，就需要——套用埃莉諾・羅斯福的話來說——勇於去做自己最怕的事情。」

清晨純淨的陽光從落地窗斜射過來，妳是否也會想起小時候被周圍的人一遍一遍問「長大了想做什麼」的回憶？那時的我們真的有著很大的膽量，以為目之所及就是整個世界，心之所及就是整個天堂……。

回首後，才發現兒時的勇敢已經被隱藏，現在的我們面對生活時總是考慮得太多太多，缺乏冒險的精神。所以這麼多年來，雖說已經跋涉了很多山山水水，卻怎麼也沒到達童心裡最遠的地方。在這方面，希拉蕊為我們做了很好的榜樣——勇於冒險。

正是希拉蕊富於冒險精神，勇敢地邁出了跟隨柯林頓的腳步，才有了以後倆人的成功，如果當年希拉蕊留在了華盛頓或者紐約某一個地方任職，那麼美國歷史極有可能需要改寫。

有人說，女人缺乏的就是一種冒險精神，冒險之於女人，永遠畫不上等號。

也許，相對於男人，我們是少了那麼一點冒險的勇氣，然而，「亡羊補牢，未為晚矣」，隨著視線越拉越長，在抬頭的微笑裡，「冒險」二字高高地掛在天邊，耀眼地向我們招手。英國劇作家肖伯納說：「對於害怕危險的人，這個世界總是危險的。」他的聲音在山間迴響。

如果妳總裹足不前，總害怕行動有所失敗，如果妳面對險峰退縮，如果妳永遠相信「山那邊仍然是山」，那麼山頂最美麗的風景將與妳無緣，也永遠走不出自己心裡的那座大山。困住人的雙腳的不一定是距離，也可能是心。這個世界有太多的驚喜，造化有太多的崎嶇，最美的風景永遠在最遠最險的地方，自然和人生的美好不是為懦夫而存在的，「懦夫在未死之前，已經身歷多次死亡的恐怖和痛苦」，他們無福消受這上天的恩賜！

居禮夫人敢於冒險，她成功地發明了鐳元素；希拉蕊敢於冒險，她成功的躋身於美國國務卿。女性朋友們要想像她們一樣敢於冒險，首先得有一顆敢於冒險的心。

冒險的心是決絕的走向遠方，專心於目標而不會被世俗的言說所羈絆，縱使是善意的勸阻也要把它化為前行的力量。冒險是種高貴的品質，是優雅、是睿智；是勇於前行、是不耽於自保，是成功的微笑裡的那絲欣慰；是選擇了遠方就風雨兼程，要想飛得高就把地平線拋掉的勇氣！

憑著自己的心性去過自己想要的生活，而不要被「安穩」的陷阱溫柔地殺死。多一些冒險精神，做一個獨立的個體，經濟獨立、事業進步、感情豐富、理智。這樣的女性才是真正的女王。因為冒險帶來的刺激和快樂會讓一個人容光煥發，不至於埋沒於人群之中。這就是為什麼薩岡會成為法國乃至全世界文壇的傳奇。這個離經叛道的女作家驕傲地宣稱：「我曾看到許多馬在我身邊衝撞，但是我從來沒有挨過踢。」

一篇專欄文章《妙齡的薩岡在奔跑》中寫道：「薩岡註定要吸引大批男人，緋聞名單能夠一直排到法國前總統密特朗。而女人也不會對她太過嫉妒，因為女人們都知道自己無法過這種陡峭危險的生活。」

孤獨為夢想搭建了九十九級臺階

「我經歷了三又二分之一次的蛻變……從疏離冷漠的大學生、事事關心的假嬉皮士、教育和社會改革者，變成半吊子的孤芳自賞者。」

——希拉蕊・柯林頓

一九六七年四月二十五日，威爾斯利大學的週末舞會剛剛結束，在舞會上玩得並不盡興的希拉蕊鬱鬱寡歡的回到宿舍中寫信給高中好友。

大學初期，希拉蕊將自己的形象定位為孤獨的學者，都會在人群中感到孤獨，很多人錯誤地以為只有自己在經歷孤獨，最終深陷於內心的空虛與失落之中，虛度人生。希拉蕊小心翼翼地避免掉入這一陷阱，便有意在「學者」之前加上了「孤獨的」這一形容詞。

那時的希拉蕊很少參與到女同學們的閒聊之中，她總是在意旁傾聽，或者偶爾給個好建議，但她很少向他人展露內心。

和孤獨和睦相處，是希拉蕊後來在政壇大放異彩的一個重要品質。或者說，希拉蕊的一生都在忍受孤獨：婚姻的變故、政壇上的勁敵、輿論的壓力，沒有哪一件事能夠向身邊的人一吐為快，也沒有哪一個人能夠對她的經歷感同身受。

她是高處不勝寒的女政客，「每個人都是一座孤島」，這句話沒有哪一個人能像希拉蕊這樣感受深刻。

如果去問大街上那些形色匆匆的路人，是否曾經感受過孤獨，百分之九十的人會回答「有過」。人生來孤獨，沒有不曾孤獨過的人。即便再幸福，也會在某事某刻突然被孤獨襲擊。更不要說那些幸福感極度缺失的都市人，孤獨是他們的家常便飯，如影相隨。想像病痛一樣徹底根除孤獨，是不可能的。最好的辦法是學著與之和睦共處，要理解並接受人生來孤獨的事實。

如果能夠承認人類原本就是孤獨的，那我們的心靈就會獲得寧靜，不會再感受到孤獨。也就是說，如果能明白很多人與妳一樣都會感到孤獨，那麼當妳面對突然襲來的孤獨時，就不會覺得那麼寂寞難耐，這種情緒也不會波及妳的人生。

女人總是比男人更敏銳的感受到身處人群的孤獨，所以女人才會更執著與成群結隊，靠八卦閒聊來紓解內心孤寂。

其實孤獨有讓人自我覺醒之功效。很多離異女子，都是在喪失了丈夫這個依靠之後突然覺醒、振作，然後走上一條截然不同的、大放異彩的人生之路。在此之前，這個女人可能在家庭破裂的最初飽嘗孤獨之路，女人賴以生存的避風港突然毀滅，是女人需要很大勇氣才能承受住的打擊。

在這飽漲的孤獨裡，女人經歷了痛哭、絕望、清醒、覺悟、振作的過程，最後站起來，走出孤獨的桎梏，走出去，活下來。如果沒有這痛徹心扉的孤獨，也不會有涅槃重生。世人往往如此，一無所有時，最孤獨。最孤獨也是最清醒的時候。

一個人永遠無法完全理解任何一個人，世上沒有感同身受這回事。假如妳懷有夢想，不要向輕易向人訴說，他不會懂。而且實現這夢想的過程裡，妳會發掘其實並不需要他人的理解，妳有自己的雙手，這就足夠了。

孤獨是一定會有的，但恰好有了這孤獨，妳不必站在人群裡逢人就要解釋妳的想法，不必為了讓自己顯得不那麼突兀而隨波逐流。妳身體或心靈上遠離人群，做最清醒的自己。別人怎麼說是沒辦法的事，妳自己也知道，妳要去哪裡，想成為什麼樣的人。妳得感謝妳的孤獨，是它成全妳有了如此清醒的頭腦。

人本身就是一首寂寞之歌，人生本身就是一段寂寞的旅程，我們在寂寞中誕生，最終依舊在寂寞中離去。當踏上了這段旅程的時候，也許感受到的是繁華表面掩藏下的寂寞，浮華與絢麗只是假象。多少人在生命即將結束的時候，都有同樣的感受：這個世間，是讓人多麼的寂寞和無奈啊。

人生，原來寂寞得如此徹底和純粹。既然寂寞是人生的常態，那麼我們是否要在寂寞中接受洗禮呢？生活中的我們，時常在寂寞中感到空虛和無聊，在寂寞中變得越來越浮躁，在寂寞中丟失了自己。踏著孤獨的階梯，一步一步，相信不會太久，妳就能觸到夢想的輪廓。

要就做到完美

「偶然間我看見我的高級助理在發瘋的比劃，拍拍自己的腦袋，再指指我。原來是另一次頭髮危機。有人從電視裡看見在說話和聆聽發言的我，腦袋中間有一綹頭髮翹了起來……論壇結束後，我們講起這件事，都笑了。我過第一夫人的新生活還不到一年，終於領略到了細微之處的重要性。」

——希拉蕊・柯林頓

追求完美是一種觀念、一種心態。

事實上，每個人都具備追求完美的條件和資源，只要妳願意追求完美並且願意為此付出行動。

大學時期，希拉蕊跟剛經同學介紹的男孩子吉姆開車出去兜風，吉姆把車停到一段蜿蜒曲折的車道頂端，得意地拿出他的滑板，向希拉蕊展示他的滑板技巧。

希拉蕊從沒滑過滑板，但是完美主義思想慫恿著希拉蕊站在了滑板上，並且一直滑到了山腳下，還竟然沒有摔跤。這就是希拉蕊處於萌芽時期的完美主義傾向：要嘛不做，要做就要做到最好。

希拉蕊還有一個問題就是她的頭髮，像希拉蕊一樣「意志堅定」。當時最著名的模特蘇西．派克在前額處把頭髮打了一個卷，但無論怎麼努力，希拉蕊的頭髮都做不出那個效果來。畢業舞會那天下午，希拉蕊因為頭髮達不到自己希望的效果，而生氣地把自己最喜歡的露華濃仿玳瑁梳子折斷了。

最後，還是母親桃樂西走進她的房間，把她的頭髮向後梳起，又別上了一只藍色的蝴蝶結，才讓希拉蕊重綻笑容。

要嘛就不去參加舞會，要去就把自己最美的一面展現出來，這就是典型的希拉蕊風格，也正是這種青年時代培養出來的完美主義風格，伴隨著希拉蕊的一生，讓她在每一個領域都力求做到最好。

作為女人，希拉蕊達到了一般女性難以企及的高度，不管是作為學生、妻子、律師、母親，還是參議員、國務卿，她都做到了最好，這不能不說和她的完美主義傾向不無聯繫。

對於一名女性來說，沒有什麼比擁有「做到滿分」的態度更能幫助自己獲得成功了。

追求更完美的自我，是給自己加分的籌碼，也是升級自我魅力的能量。看那些無論在生活中還是在職場上叱吒風雲的女王們，誰人不是精益求精的完美主義者？誰不是在和自己較勁中做到更好？

當然，也許妳已經做得夠好了，超出了別人的期待，但是請問問自己，妳是不是已經做到最好？

有一個偏遠山區的女孩到城市打工，由於沒有什麼特殊技能，於是選擇了餐館服務員這個職業。

在常人看來，這是一個不需要什麼技能的職業，只要招待好客人就可以了。許多人已經從事這個職業多年了，但很少有人會認真投入這個工作，因為這看起來實在沒有什麼需要投入的。

這個女孩恰好相反，她一開始就表現出了極大的熱情，並且徹底將自己投入到工作之中。她不辭勞苦，每天忙到很晚，而且無論老闆在不在，她始終如一地忙碌著。

經過一段時間後，她不但能熟悉常來的客人，而且掌握了他們的口味，只要客人光顧，她總是千方百計地使他們高興而來，滿意而去。

她不但贏得了顧客的滿口稱讚，也為飯店增加了實質的收益——她總是能夠讓上門的顧客多點一、二道菜，並且在別的服務員只照顧一桌客人的時候，她能夠獨自招待幾桌的客人。

就在老闆逐漸認識到其才能，準備提拔她做店內主管時，她卻婉言謝絕了這個任命。原來，已經有一位投資餐飲業的顧客看中了她的才幹，準備投資與她合作，資金完全由對方投入，她負責管理和員工培訓，並且鄭重承諾：她將獲得新店百分之二十五的股份。如今，她已經成為一家大型餐飲企業的老闆。

如果不是這種這種追求滿分、把工作做到完美的精神，這位在餐廳端盤子的女孩恐怕一輩子也不可能成為大老闆。

對於追求事業成功的女性來說，精益求精是最佳的途徑。即使老闆不在，她們也不容許自己有絲毫的懈怠。她們不會對自己說「我還是中途休息一下吧」，而是要求自己全力以赴，不達目的誓不甘休；她們也不會對自己說「我已經做得夠好了」，而是要求自己在每一份工作中都盡力而為。

在她們身上，流淌著「勤奮」、「敬業」的鮮血，讓她們永遠超出老闆預期，為自己爭取著每一個成長與提升的可能。

不要覺得自己的工作平淡無味，不值得精益求精、追求完美，要知道，當妳的付出超出了老闆的期限，妳的所得也會超出原本的期限。

生活沒有彩排的機會，妳要演好每一場戲

「生活沒有彩排的機會，妳將不得不即興發揮，演好每一場戲。」

——希拉蕊・柯林頓

希拉蕊這個慢慢成長的芝加哥女孩，從小就不甘心在平庸中自我埋沒。為了演好人生的每一場戲，無論對學習還是對工作她總是投以十二分的熱情，積極應對。

她曾說過：「生活沒有彩排的機會，你將不得不即興發揮，演好每一場戲。唯一可以做的準備是你們都已做過的那些事情：受盡可能好的教育，不斷從文學、《聖經》和歷史中吸收知識，盡力去瞭解人類的經驗。這樣你才會有真正明確的路標，引導你朝著正確的抉擇前進。」

的確，為了實現更高的目標，她一直都在積極地準備著、努力著。在派克里奇讀中學時，對於所有校友來說，在學習和各種活動中她是一位強有力的競爭對手，她非常

努力，不僅上了光榮榜，還在班級舞會委員會、「文化價值」委員會和學生會中贏得一席之地。在有些同學眼裡，她似乎過於強勢，但是所有人都一致認為，她是班裡最成熟、最積極的一分子，並以精明強幹而聞名。

上大學後，她變得更繁忙。她不想和其他女生一樣，因為思念遠方男友或在校園內戀愛浪費時光，除了正常的娛樂、社交活動，她還有更為重要的事情要做。她得負責許多的學生活動，從學生自治會、校報到各種俱樂部。二年級快結束時，她就開始競選學生會主席一職。最後，她順利當選了，為了適應這個新的角色，她還選擇用整個夏天來調整自己。她堅信命運掌握在自己的手裡，只要妳積極主動地去爭取，就一定能如願以償。畢業典禮上，她利用演講的機會，讓自己名聲四揚，並開始受到全國新聞界的注意。

雖然有人批評希拉蕊過於強勢、愛出風頭，但是她認真扮演人生之戲的想法卻值得每一個女人學習。現代社會競爭激烈，女人們要想取得成功，擁有一席之地，就必須積極進取，主動出擊，這樣才能演好人生的每一場戲。西方有句諺語：「你看見主動自覺的人了嗎?他必定站在君王的身邊。」事實也證明，主動進取的人才可能獲得更多成功的機會，有效推動事情的辦成。積極主動地對待自己的人生，演好人生的每一場戲，這就是希拉蕊獲得成功的重要原因。

但是，看看我們的周圍，存在著「這是老闆的，我只是打工的，做得再多、再出色，得好處的還是老闆，跟我沒什麼關係」有這種想法的女人多如牛毛。她們像「按鈕」一樣，撥哪兒動哪兒，天天按部就班，缺乏活力與主動性。觀察一下妳也會發現，這種人一生都在最底層工作，成功從來都與她們無緣。

成功的機會是不會白白降臨的，不管妳做什麼，不懂得積極主動地去爭取，就只會和機會擦肩而過。如果妳總是把人生當做彩排的演練場所，得過且過，那麼妳永遠也無法達到妳想要的成功。只有像希拉蕊一樣積極主動地去爭取人生的每一次機遇，演好每一場戲，妳才能「步步高升」。

CHAPTER 5

沒有永恆的敵人，只有永不停息的戰鬥

有勁敵的人生才是優質人生

「戰鬥是我最幸福的時刻，確定敵人並且進入戰鬥狀態亦是如此……戰鬥就是我的興奮劑。」
——希拉蕊．柯林頓

一九九二年一月二十六日，這是希拉蕊走進美國哥倫比亞特區法庭作證的日子，她所要面對的，是被檢察院調查了長達六年之久的「白水案」。

當時柯林頓是家鄉阿肯色州的州長，希拉蕊在小石城的羅斯法律事務所任職。兩人在阿肯色州的小石城投資的白水公司一直在虧本，由於這塊地皮位於白水河邊上，位置偏僻，夫妻倆一直沒有管它，直到他們在改公司的合夥人吉姆被聯邦機構調查，希拉蕊才意識到事態的嚴重性。

美國獨立檢察官羅伯特．雷對此展開了長達六年的調查，耗資五千兩百萬美元，只為證明希拉蕊和柯林頓在白水案中的「妨礙司法」「作為證」等罪行成立。

作證的這天，希拉蕊沒有表現得畢恭畢敬，而是特意從成群的記者媒體中穿過，從容面對數不清的攝影機和麥克風。她在作證過程中表現出的自信和威嚴讓陪審團肅然起敬。

希拉蕊的一名律師指出，希拉蕊是非常好的證人，她用她清晰的頭腦和有條不紊的邏輯面對敵人時，已經讓案件成功了大半。直到案件最後，經過漫長的調查，證據仍然不足，法院最終認定柯林頓總統夫婦在這一不動產交易中沒有犯罪行為。像從前的每一場戰役一樣，希拉蕊又贏了。

一個人的人生裡如果沒有勁敵，只有兩種可能，一種是他太強大，打遍天下無敵手。另一種是他不堪一擊，不值得任何人把他列為對手。對手恰好是一個人實力的表現，不能想像一個沒有敵人的人生該是何等的空虛和無聊。

沒有敵人，我們就看不到自己的實力和價值，更加缺少拼搏的動力。沒有了敵人，生活該是何等的寂寞和無趣。奧地利作家卡夫卡說：「真正的對手會灌輸給你大量的勇氣。」善待妳的對手，方能盡顯品格的力量和生存的智慧。

然而，很多女性無法這樣看待對手。由於對手和敵人往往只有一線之隔，甚至是一體兩面，因而對手往往被女人視為仇人，總會帶著惡意的情緒來看待對手。表面上看來，我們從對手身上得到的學習機會沒有那麼直接、明顯，然而，僅僅是承受他帶給我們的壓力，就已是很寶貴的機會，可以對我們的成長起到很大的助益。

不要隨便把對手視為敵人或仇人，只有這樣，我們才可以冷靜地觀察對方，客觀地審視自己；也唯有這樣，才能在與對手交手的過程中學到東西。

對手，是失利者的良師。有競爭，就免不了有輸贏。其實，高下無定式，輸贏有輪迴。曾經敗在冠軍手下的人，最有希望成為下一場賽事的冠軍。只因敗者有贏者作師，取人之長，補己之短，為日後取勝奠基。更有一些智者，一番相爭之後，便能知己知彼，比得贏就比，比不贏就轉，你種蘋果奪冠，我種地瓜也可領先。

有這樣一個故事：

在一片靜謐的非洲大草原上，夕陽西下。一頭獅子在沉思，明天當太陽升起，我要奔跑，以追上跑得最快的羚羊；此時，一隻羚羊也在沉思，明天當太陽升起，我要奔跑，以逃脫跑得最快的獅子。於是，當太陽升起的時候，一場場追逐在廣袤的草原上相繼上演。為了戰勝對手，牠們奮力奔跑，永不停息，也正是因為有了對手，牠們健康，強壯，充滿活力，進而使整個草原生機勃勃，生氣昂然。

對手，是前進的目標，有了目標，才有方向；對手，是前進的動力，有了動力才能前進。

電影《教父》裡有這樣幾句經典臺詞：「不要憎恨你的敵人，那會影響你的判斷力。」「讓朋友低估你的優點，讓朋友高估你的缺點。」「離你的朋友近，離你的敵人更要近。」可見對手強大了，並不一定是壞事，它讓我們重新審視自己，找出差距，給自己一個新的定位，做好準備，因為當太陽升起的時候，一輪新的追逐又要開始了。

我必須打敗你，但我永遠尊重你

「我不會在每天早上一覺醒來便疑心別人要圖謀不軌，我也不會整日盤算整垮某人。」

——希拉蕊．柯林頓

二〇〇一年九月十一日，這是個美國人無法從記憶中抹去的日子，同時，這場災難的爆發對新上任的希拉蕊來說也是場嚴峻考驗，九一一恐怖攻擊事件平息之後，希拉蕊就加入了軍事委員會，意在增加自己在國家安全方面的知識與資歷。並且希拉蕊很快學會了如何融入這個長期以來對柯林頓心懷敵意的團體，她與軍隊裡的那些人相處得很好。

希拉蕊一直與紐約州另外一位參議員查理斯．舒默之間存在友好競爭。兩個人有許多共同點，從投票記錄來看，兩個人都有些偏左，在一系列問題上持幾乎完全相同的立場。一些民間組織對兩人打的分數也基本相同。

調查顯示，二〇〇五年時，在國防、經濟、和外交政策方面，希拉蕊比百分之八十的參議員表現得更為開明，舒默緊隨其後。隨著兩人對對方性格的更深瞭解，他們之間的關係已經好轉。兩個人時常在一起吃飯的場景，以及在共事種表現出的對彼此的尊敬，這是在競爭激烈的參議院很難看到的場面。

在阿肯色州，第一州長夫人希拉蕊為了改革該地落後的教育付出了艱苦卓絕的貢獻，但是在強制性對教師進行水準測試這個問題上，遭到了老師們的強烈反對，為此當地工會還將希拉蕊的特別任務小組和州政府告上了法庭，這起官司歷經八年。

大部分教師都把憤怒投向了希拉蕊，每當希拉蕊穿過一所學校時，都可以聽到教師們在背後發出的噓聲。希拉蕊並沒有因此而心懷怨恨和不滿，她把老師們的敵意當做是給自己的榮譽勳章。畢竟，希拉蕊為阿肯色作出的巨大貢獻是顯而易見的。

在登上美國最高權力寶座後，柯林頓和希拉蕊在受到歡迎的同時，也招致了太多的敵人和反對者。他們對新一屆總統和第一夫人虎視眈眈，發起一波又一波攻擊，希拉蕊氣定神閒，把這些敵意統統當成是自己的榮譽，冷靜機智地與之周旋。

當妳向對手鄭重發表的意見說：「你錯了」的時候，其實是最大的不敬，這不敬折射過來，也是對妳自身的不敬。中外成功人士的經歷中，從來就不缺少敵人，但沒有哪一個成功者會帶著小家子氣對待敵人，相反的，越大牌的成功人士，對待敵人也就越大器。

日本三洋電機的創始人井植熏在向客人介紹自己企業的同時，總是帶著尊重的口氣，花幾乎相同的時間來介紹同行業的強勁對手：索尼、松下、夏普電器……或許就是這種「尊重」，才使得日本電器能傲然縱橫於世界市場。

尊重對手是種人格，一種胸懷。正是對手給了自己壓力，給了自己前行的動力。如果沒有對手的激勵，也許我們早就如同行屍走肉一般渾渾噩噩。

做學生的時候，因為時刻想著要如何超越對手，我們才會努力的學習。創業時，如果沒有實力相當的競爭對手做比較，又怎麼能展現出企業素質呢？一旦沒有了競爭對手，形成行業壟斷，反而會引來大片不滿爭議之聲。那幾乎會把企業逼上絕路。所以尊重敵人對於我們來說，是如此重要。

和敵人交鋒，只有認真研究了他，重視了他，才能在每一擊中契合他挑釁的動機，和對榮譽的衝動。尊重倘若不化成能力，只停留在意識和心理的層面，終究是沒有實際意義的。

讓妳的敵人看輕妳，這是妳的恥辱。倘若每一次的交鋒都是讓人激動和難以忘懷的，所謂的化敵為友、化干戈為玉帛才成為可能。

老好人辦不成事，因為他無法接受和面對人與人的對立，更無緣能夠看到事情的轉機；智識狹窄的人不能成大事，因為他看不到敵意中也包含著珍惜，殺伐中也蘊藏著和解。所以，尊重敵人，最終會使妳贏得競爭並最終實現自己的願望。

用揮向別人的拳頭，擊敗自己的膽怯

「我可能會被絆倒，可能會落後，但因為有妳們的幫助，我將繼續前行。」

——希拉蕊・柯林頓

四歲時，希拉蕊一家剛遷到派克里奇不久，因為嫉妒希拉蕊總是有很多小夥伴，鄰居家一個叫蘇西・歐卡拉漢的女孩仗著蠻橫和強壯經常對她呼來喚去。

有一天，蘇西舉起藤條向小希拉蕊狠狠抽去。希拉蕊挨打後，哭著回家告訴母親。沒想到母親一改往日的溫柔，嚴厲的對希拉蕊說道：「我們家容不得膽小鬼。妳得回去。如果蘇西打妳，那妳也打她。妳要學會保護自己。」

果然，希拉蕊大步走出去，回擊了蘇西一記耳光，蘇西後退了幾步，跌在了地上，小希拉蕊得意洋洋地回到家，告訴母親：「我現在可以跟男孩子玩了！」桃樂西後來驕傲地講：「男孩子對希拉蕊很客氣，她當領袖。」

希拉蕊這稚嫩的一拳，不但擊倒了蠻橫的小夥伴，也擊敗了自己內心的膽怯。在籃球、冰球、兒童足球和壘球等各種孩子們的比賽中，希拉蕊自然而然地成為他們中的一位首領。在以後的人生道路上，勇氣一直伴隨著希拉蕊，隨時提醒她揮起勇敢的拳頭，為自己爭取一切。

很多時候，成功就像攀附鐵索，失敗的原因，不是因為智商的低下，也不是因為力量的薄弱，而是威懾於環境，被周圍的聲勢嚇破了膽，或者是被黎明即將來臨之前的那段黑暗所嚇倒。

成功，並不像傳說中的那麼困難。很多時候，並不是因為事情難我們不敢做，而是因為我們被傳說中的假想敵給無形壓垮了，還沒開始做就因為膽怯而後退了。很多東西，妳越是覺得它難，它越是像三座大山那樣把妳活活壓垮。相反的，當妳不把它看在眼裡，也許早已輕舟已過萬重山了。

就像希拉蕊一樣，其實，揮起自己的拳頭並沒有她想像的那麼難，只需要一點點勇氣而已。那麼，什麼是勇氣呢?它是產生於人的意識深處的對自我力量的確信，是對我們的能力能壓倒一切的信念，是相信自己可以面對一切緊急狀況、處理一切障礙、並能控制任何局面的信心。透過培養自尊、自信、自我肯定的意識，我們可以有效地增強自己的勇氣。任何使我們更多地思考、認識到自己能力的事物，都會給我們帶來更大的勇氣。

西點前校長班尼迪克說過：「遭遇挫折並不可怕，可怕的是因挫折而產生對自己能力的懷疑。只要精神不倒，敢於放手一搏，就有勝利的希望。」

勇氣這種滋補劑是世界上最好的精神藥物。如果妳以一種充滿希望、充滿自信的精神進行工作的話，如果妳期待著自己的偉業，並且相信自己能夠成就這番偉業的話，如果妳能展現出自己的勇氣——任何事情都不能阻擋妳向前進。妳可能遇到的任何失敗，都只是暫時性的，妳最終必定會取得勝利。

流言蜚語，第一時間反擊最有效

「有些攻擊，無論是將我妖魔化或曲解我在某些問題上的談話和立場，目的都是把我牽制住。我採取了自己的戒律：認真對待批評，但不要摻入個人情緒。倘若批評屬實或者出於善意，那就從中吸取教訓，否則就讓它擦身而過。」

——希拉蕊・柯林頓

生活中和工作中會有很多問題等著我們去解決。在這種情況下，明智之人不會去乞求未來一帆風順和萬事如意，他們只乞求當每個問題發生時，都有面對問題的勇氣與毅力，以及在第一時間解決問題的智慧。

在柯林頓第二次競選州長之際，當時柯林頓在民主黨內的主要對手湯姆・麥克雷在一次記者招待會上向與會記者們出示了一張漫畫。

畫面上的比爾・柯林頓赤身裸體，雙手掩住襠部，醜態畢露，漫畫標題為《皇帝沒穿衣》，暗諷柯林頓生活作風的不檢點，這時希拉蕊出現了。

「我聽到響亮的腳步聲，沿大理石臺階而來。原來是她。」出席該招待會的美聯社記者羅德・富尼耶多年以後回憶說，「所有的攝影機和照相機轉向她，麥克雷的記者招待會變成了她的」。

「你算了吧，湯姆！」希拉蕊向麥克雷喊道。她手裡拿著一卷紙，上面清清楚楚記述著麥克雷之前說過表揚柯林頓州長的話。

希拉蕊這一突襲引起媒體一片譁然，但是這種在第一時間反擊對手的做法無疑是最有效的。柯林頓在他的回憶錄中提及此事，承認希拉蕊這番回擊斷了「麥克雷的勢頭」，幫他在初選中獲勝。

要即刻大膽、勇敢地回擊對方，這是希拉蕊早在一九八0年柯林頓第一次競選州長時就悟出的道理。

「吃柿子專挑軟的捏」，是人的劣根性之一。所以，要想在職場和別人一樣平等，就不能太過老實，如果像個軟柿子一樣，就只有被人捏的份兒，不但不會引起別人的同情，還會讓每個人都往妳頭上踩上一腳。

所以，請收起妳的懦弱，藏起妳的老實，給妳的形象上一層裝甲吧！要知道，「欺軟怕硬」是許多職場的常態。如果妳的氣勢十分軟弱，就容易被同事、被上司、被妳的辦公室氣勢所吞噬，妳會變成一個透明人，任何人都不會把妳放在眼裡。所以，妳必須讓妳的氣勢強硬起來與欺負妳的人抗爭。除此之外，還可以提高自己的辦事能力，這樣那些原來欺負妳的人才會有所收斂。

成功女性們知道面對挑釁，面對問題，光有勇敢的反擊、出擊是不夠的，還需要快速、最好是在第一時間內就對問題做出應對之策。就像希拉蕊一樣，快速反擊，讓對手根本就沒有招架的機會。

在當今這個競爭異常激烈的社會，女性要想成功，不但要求行動，而且要講究速度，要快速行動，因為速度在大多數情況下是決定成敗的關鍵因素。執行力歸根到底是一個速度的問題，知識經濟、資訊網路經濟時代，大公司不一定會打敗小公司，但是快的一定會打敗慢的，這就是快魚吃慢魚。

速度是這個時代的標誌，沒有人能夠置身其外。汽車製造商必須時刻保持幾天之內從零訂單到整車下線的超級製造能力，因為一步踏錯，就意味著堅持了兩、三年的開發週期從此泡湯，公司將一蹶不振……。

女性在工作和生活中都會有面臨危機的時候。也許競爭對手突然殺價一半，也許公司最大的客戶突然轉移，也許愛情出現背叛、婚姻出現破裂等。這時候，就要求我們做出閃電般迅速的反應。只有在第一時間面對困境並做出反應，才能搶得克服困難的先機。

逃避問題只會讓問題變得越來越嚴重。當問題來臨時，一味地逃避和退讓只會讓問題看起來更加強大和難以解決，最有效、最簡單的辦法就是在第一時間面對問題，將其迅速解決。

女人也瘋狂，「拼」出一番新天地

「競選紐約州議員的時後，跑遍二十六個縣是我的目標。有一年多時間裡，我搭乘「希拉蕊快車」在紐約州各地奔波。中途，碰到小餐館或者咖啡廳就下車，坐下來和他們聊聊他們想談的話題。選舉專家說這種方式是「零售政治」，但對我而言，這是瞭解民間疾苦最好的方式。」

——希拉蕊．柯林頓

有句話說：愛拼才會贏。希拉蕊就是一個敢於去拼的女性。

一九九八年秋天，希拉蕊開始考慮競選紐約州參議員，但她還必須等待。首先，如同她一貫做的那樣，不得不在柯林頓下臺之後重新進行自我包裝。

希拉蕊全身心地投入到了熱火朝天的競選活動中，以便在國會中期選舉中為岌岌可危的民主黨贏得一個席位。她開始周遊美國，足跡遍及全美二十個州，參加了大約五十場募捐會議，在三十四場群眾集會上發表演說，募得了上千萬美元。這看起來有點瘋狂，卻是英雄般的瘋狂。

這就是希拉蕊，從來不懼怕暴露自己對於政治權力的野心，她不僅敢想，還敢於去拼，為了實現自己的政治夢想，她就像一位勇士一樣，全力以赴，勇往直前，這種做事精神是值得每一個女人學習的。

生活中，有很多躊躇滿志、不甘於平庸的女人，但是真正能實現心中遠大理想的女人卻寥寥無幾。究其原因就是因為少一種「拼」的精神。大多數女人在理想面前總是猶豫，對失敗惶恐不安，於是漸漸養成了懦弱、猶豫、害怕承擔責任、不敢拼搏的心理意識和習慣，這些裹足不前的意識漸漸地捆綁住她們，讓她們陷在自我的套子裡無力自拔，久而久之，也就失去了拼搏向前的熱情，再也奮發不起來了，這樣的女人毫無氣場可言，也沒有成功的資本。其實過多的顧慮是沒有必要的，人本身就具有巨大的潛能，只要妳敢想、敢拼，大膽地向前衝，妳會發現，原來事情並沒有自己想像的那樣可怕，成功的大門是向所有人敞開的。

《中國美容時尚報》社長兼總編輯張曉梅女士，是「中國美」概念的首倡者，被稱為「中國美容經濟女掌門」。她是一位勇於挑戰自己、敢拼敢闖的成功女性。

張曉梅出生於一個軍人家庭，從小隨父母一起生活在四川一個偏僻山區的部隊裡。長期封閉的環境以及狹小的交際範圍讓她倍感單調無趣的同時，亦令她對自己的未來感到十分迷茫。參加工作後，張曉梅被分配到某部隊的一軍事研究所，從事電腦類科研工作。如果按照正常的軌道，她大可安穩地就此工作生活下去，並一步一步地走向更高的位置。但是，張曉梅發現，這似乎並不是她想要的，她希望找到一個人生目標，實現自己的人生價值。儘管在工作中表現出色，但是經過一番深思熟慮之後，張曉梅最終還是決定轉業。

一九八八年，張曉梅離開了那個「有安全感、有保障」的舒適環境，她先是進入了香港的《亞洲風物》雜誌社，做了一名記者。

憑藉著天資和勤奮，才兩個月左右的時間，她就當上了社長助理。而在這家雜誌社工作了一年後，她向社長遞交了辭職。後者當時對此特別不能理解：「內地的記者能拿到我的一本記者證，是夢寐以求的事情，妳為什麼要離開這？」她說：「我很想獨立地做一些自己想做的事情。」

一九八九年十二月，這個渴望獨立的女人在成都開設了自己的第一家美容院。隨著生意的日漸紅火，她的店面也越開越大，從最初的幾坪到一、兩百坪再到幾百坪，她成功地淘到人生的第一桶金。從部隊轉業，然後打工，最後自己創業，張曉梅用實際的行動完成了自己的職業三級跳，也最終找到了理想中的舞臺。

生活中，沒有任何困難或逆境可以成為畏縮不前的理由。當妳猶豫彷徨，懷疑自己時，看看那些勇敢地闖出一片天的女王吧，她們就是最敢拼敢幹的鬥士，也是發揮自我價值的勇將。世界為她們顫動，生命因她們昇華。何不向她們看齊呢？難道妳願意做一輩子平庸的女人？不妨好好回想一下，妳是否曾經想學一門外語，卻堅持不了？妳是否一直想開個創意店推行自己的創意？要知道，只要敢於去「拼」，一切皆有可能！妳不去嘗試，怎麼知道自己不行呢？

大膽地突破現狀，超越自己吧！妳不是一個人在戰鬥，現在已經有越來越多的女人在奮鬥中實現自己的理想，當其他女人都投入了自我拼搏的大潮中，妳可別被甩下一大截。

打不垮的女人，沒有弱點的女政客

「我接觸政治這些年，尤其在我丈夫競選了總統之後，已經學會碰到某些情況最好的辦法就是要有耐心，深吸一口氣，真相到時就會水落石出」

——希拉蕊．柯林頓

二００一年一月二十日是美國第四十三任總統喬治．布希就任的日子，同時也是柯林頓卸任的日子。對柯林頓漫長的扶持終於告於段落，柯林頓退居幕後，輪到希拉蕊上場。

希拉蕊曾說，她的前半生做了兩個最困難的決定：保持和柯林頓的婚姻，以及參選紐約參議員。但後來的事實證明，希拉蕊獨闖天下的日子，所遭受的攻擊顯然少於在柯林頓身後做軍師的那些年。

希拉蕊帶著經年拼搏後的累累傷痕重新出現在人們的視野裡，她來了，為了勝利而來。

希拉蕊既不是權利的守護神，也不是女權主義的聖人，她的故事處處展現著一個女人堅強和柔弱的兩面。

她是一個睿智的女人，精力充沛、熱情奔放、幽默風趣、雷厲風行、意志頑強、自強不息。殺伐決斷、飽經滄桑、激揚文字，這一切都源於希拉蕊不懈的奮鬥精神——這個女人幾乎沒有缺口，曾經世人一度以為的打擊，比如柯林頓的醜聞，白水事件的紛擾、媒體的敵意、民眾的不認可，所有這些，都未曾真正擊垮過希拉蕊。她也迷茫困苦，但最終都會被這一信條克服：戰鬥，戰鬥到死。

正如你們所見，希拉蕊是個打不垮的女人。

然而即便是希拉蕊這樣的強女人，也會遭遇危機。儘管這危機不是她自身的，而是她的總統丈夫親手製造的。

和從政的希拉蕊不同的是，普通女人一生裡幾乎隨便哪來某一樣事物，稍微處理不當，都有可能成為她的弱點：浪漫、癡情、愛情、孩子等等數不勝數。

無論滄海變桑田，無論時光怎樣流逝，感情始終是女人無法跨越的一道門檻。

女人是水做的，在感情上女人永遠是一清二白、乾淨透亮，但水至清則無魚，人至察則無徒，碰上泥做的男人，水就會被泥污濁，泥卻不會被水漂白。所以女人在感情上大都有「潔癖」，不容許一段乾淨的感情被玷污。

在情感的角逐裡，女人總是充當受傷的獵物，而不是冷酷的槍手。

或許，癡情不是一種罪過，但絕對是一種自虐。有一些花心的男人，註定是女人的毒品，沾上了就會上癮。從這個意義上來說，許多女人的愛情悲劇都在於輕易地就染上了花心男人的劇毒，進而無法自持、泥足深陷。

在傳統小說和現實生活中，我們常常看到一些癡情女子就像裹足一樣，忍著疼痛將自己束縛在一段狹隘的愛情裡，一輩子也不肯變，也不後悔。不管那男人是否有妻室，不管相愛是否有結果，定要默默地、死死地纏住他。

她們以為那是忠貞，是癡情。她們總是丟不下最初的那個謊言，僅僅因為這個謊言美麗動聽，她們不願從夢中醒來面對現實的醜陋。

她們好像吸食了毒品一樣迷失了自己、找不到生活的方向。然而，當妳不計錢財、不要名分，也不管世俗倫理，越是不能愛、不該愛的，越要去愛的時候，想過沒有，妳的低三下四、不斷乞求和哀怨，只會讓那個男人離妳更遠，只會讓妳失去自我和尊嚴。男人就是這樣一種人，妳越高貴他越在乎，妳越難以企及他越奮不顧身，如果妳低下高貴的頭顱，他反倒不屑一顧。

每個女人都夢想著在有聲有色的花樣年華裏浪漫一把。其實，世界各地的女人都愛浪漫，只是魚有魚的樂趣，花有花的浪漫罷了。

可是，實在是因為大家公認的—要找個浪漫男人太難的緣故，女人很難在現實中尋找到心目中的浪漫男人和浪漫的氛圍，也很難在現實中浪漫起來。浪漫，無疑是女人的弱點。

有弱點不是問題，問題是女人們是選擇被弱點牽制，還是克服這個弱點，活出精采。不要以為克服這個弱點的過程會讓妳多麼的痛不欲生，實際上，只需要一些小小的改變，就能讓妳清醒。

女人喜歡甜言蜜語，對她們來說，愛情就是甜言蜜語。

但甜言蜜語對大多數男人只是輕率的習慣、一時的衝動、即興的發揮，甚至是蓄意的謊言，所以女人要記得，對男人的甜言只要信一半。除了美言，女人還抵抗不了男人對她殷切追求、關心體貼。女人以為這就是「實在」。

在呵護這件事上，女人要記得，無論男人怎樣呵護，都要繃住心裡的弦，可攻可守可進可退。不放任自己，也不留下任何弱點。

迎風而上，不做埋頭的鴕鳥

「非常重要的一點是讓白宮幕僚安心，讓他們知道我們會和以往一樣應付這場危機並準備反擊。我和自己周圍的人最好的應對措施就是奮勇向前。」
——希拉蕊・柯林頓

在希拉蕊第一次聽丈夫說「陸文斯基」這個名字數小時後，她不得不離開白宮，前往巴爾的摩市一座很小的大學——古徹學院進行演講。

這是應歷史學家泰勒・布蘭奇的邀請，而且是早已預定好的，希拉蕊沒有別的選擇，她決定迎風而上，即便丈夫出現了醜聞，也要出現在公眾面前，不做埋頭的鴕鳥。希拉蕊再次想起偶像埃莉諾・羅斯福充滿智慧的話：從政的女人一定要「將自己的臉皮鍛鍊得如犀牛皮般厚」。

魯迅說過，真的猛士，敢於直面慘澹的人生，敢於正視淋漓的鮮血。生活中，我們也應該做一個真正的猛士和勇者，直面不如意的現狀，並想方設法去改造它。在屈辱面前，女人不要總幻想著奇蹟的發生。在這個世界上，沒有那麼多影視劇裡的奇蹟，我們只能面對，別無他選，一如希拉蕊。

面對屈辱，如果只是一味地逃避，最後只有一種可能：只會讓自己變得更加的懦弱無能，走上徹底失敗的道路。這時，妳必須拿出敢於面對恥辱的勇氣和決心，正視生活中的一切挫折，才能在風雨過後見到燦爛的陽光。這才是強者姿態。

逆風的方向，更適合飛翔。一個人無論面對怎樣的環境，面對再多的阻擋，都不能放棄自己的信念，放棄對生活的熱愛。

很多時候，打敗自己的不是外在環境，而是妳自己。那些獲得輝煌成就、幸福人生的女人並非沒有遇到到艱難險阻，而是因為她們從來不會投降。

蘇格拉夫頓女士是美國著名的偵探小說作家，她曾講述自己的成名之路。

「如果二十五年前就有人告訴妳，妳將得到妳想得到的一切，但是妳必須等到二十五年後，妳那時作何感想？而眼前的路妳該如何走下去？」

一九一五年，蘇格拉夫頓帶著成為一位名作家的夢想來到了紐約，但紐約給她的第一份禮物就是失敗。她寄出去的文章都被退回。但她沒有放棄，仍懷著夢想不停地寫作，走遍了紐約的大街小巷，奔波於各個雜誌社、出版社之間。

當希望還是很渺茫的時候，她沒有說：「我投降，算你贏了。」而是說：「很好，紐約，你可能打倒不少人，但是，絕不會是我，我會逼你投降。」

她沒有像別人那樣，碰到一次退稿就放棄了，因為她決心要贏。

四年之後，她終於有一篇文章刊登在週六的晚報上，而之前該報已經退了她三十六次稿。

隨後，她得到的回報更是一發而不可收。

出版商開始絡繹不絕地出入她的大門。再後來是拍電影的人發現了她。她的小說在改編後被搬上了螢幕，她在短期內富裕起來。

成功的女人往往是那些把自己逼上一根軌道的人，她們別無選擇，只有執著一心地往前走！而走向平庸的女人則往往是因為無法在繁重和瑣碎中繼續堅持，以至於「蜻蜓點水」，凡事都流於膚淺。

當妳決心要做一件的事的時候，可能周圍的人都在嘲笑妳、阻攔妳，因為功成名就是如此的令人嫉妒，它太耀眼，所有人都不願意看到別人成功，因為他們自己是平庸之輩，所以希望妳和他們一樣平庸。如果這個時候妳也懷疑自己、打退堂鼓，豈不是正中他人心願。

記住，女人最大的敵人是自己，哪怕千萬人阻擋，只要自己不會投降，就還有希望。

CHAPTER 6

一等女人
交際定勝負

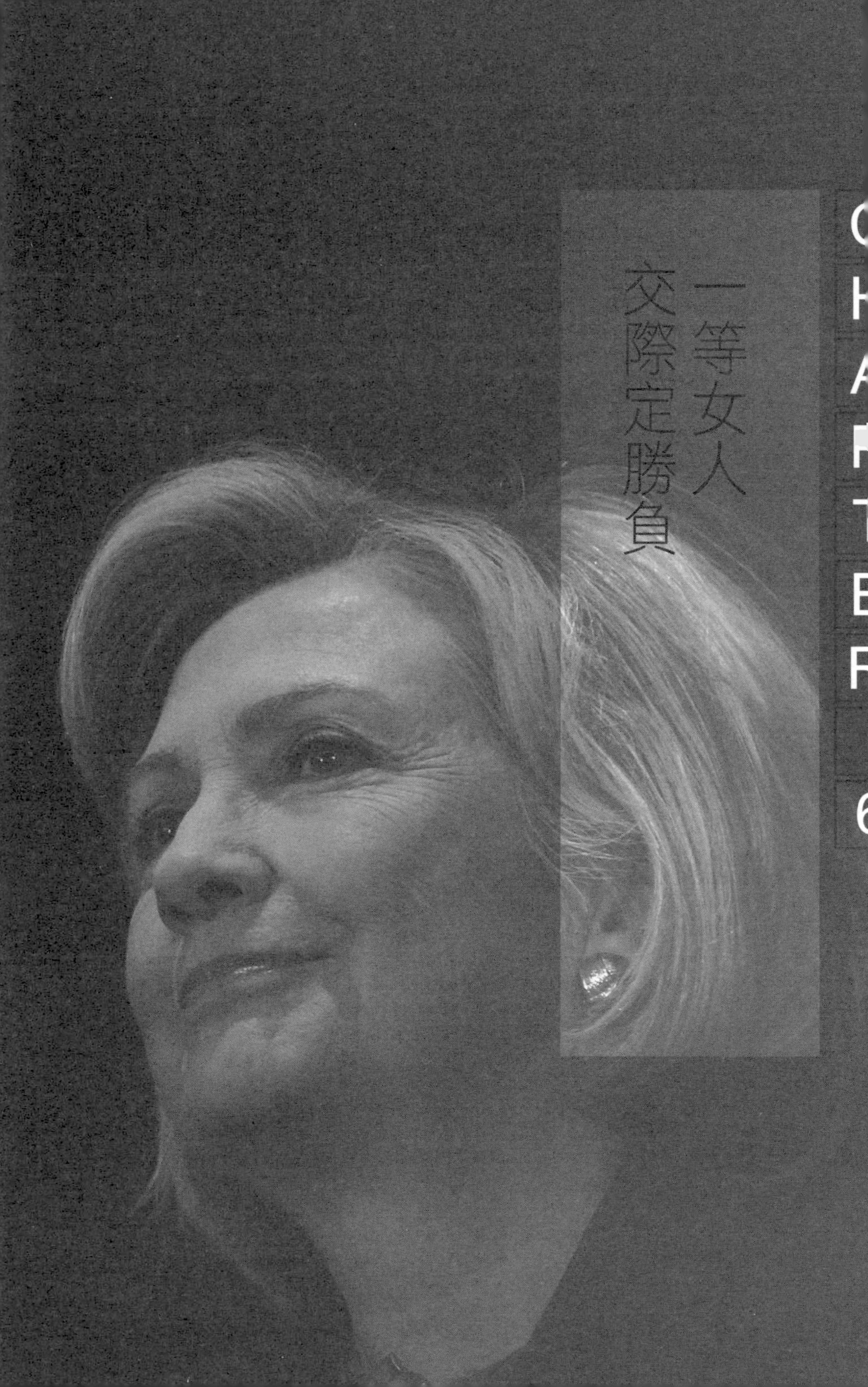

連國務卿都該懂得的「PMP」規則

「小時候，我非常崇拜父親，每次我都會努力考出好成績以博得他的歡心。」

——希拉蕊・柯林頓

一九五一年十月二十六日，因為在幾天前當著一群男孩的面，賞了一個經常欺負人的大女孩幾個耳光，希拉蕊的生日比每年要熱鬧許多。

希拉蕊家所在的街上男生要比女生多，那一天很多男孩慕名而來。但希拉蕊並沒有因為英勇事蹟而驕傲，反而顯示出了那個年紀所沒有的成熟。她很懂得取悅其他孩子，這為她在小夥伴中贏得了超高的人氣。除了身邊的小夥伴，還是個孩子的希拉蕊會想盡一切辦法取悅父親，贏得他的贊許。

長大後的希拉蕊更是顯示出了與人交往的身後能力。她當時尤其擅長和女孩子交朋友，後來是女人。讀六年級時，希拉蕊成了老師的寵兒，因為她總是願意取悅老師。

從政後，希拉蕊在社交上也顯示出了優越的天分。這天分裡最重要的一條就是希拉蕊懂得如何取悅他人。這使希拉蕊從一個人人誤解的強勢女政客，變成了一個和藹可親人見人愛的明星。

所謂ＰＭＰ規則，其實就是指拍馬屁規則。

當然這裡的拍馬屁不同於傳統意義上的拍馬屁，在人際交往裡，ＰＭＰ是指取悅，善意的取悅，或者恭維，不卑不抗的恭維。

悅，意即取得別人的喜歡。希拉蕊的善於取悅別人其實就是一種恭維、給別人戴高帽。女人要想獲得成功，只憑自己努力有時總達不到我們想要的最好效果，這時候，我們需要適時恭維他人，以求得支持和幫助。

虛榮是人的本性，每個人都暗暗為自己的優點得意，並希望別人注意和讚美自己的優點。揀別人愛聽的、想聽的話說，迎合他的虛榮心，自然可博得對方歡心。恭維便是這其中的關鍵所在，是一種重要的交際手段，它能在瞬間溝通人與人之間的感情。

任何人都希望能被人恭維或讚美，高帽子人人都愛戴。這是因為每個人都渴望被讚美和肯定，而高帽正好迎合了人們的這種欲望。高帽戴得好，便能將別人掌握在自己的手中。適時地給人送上一頂高帽子，可以贏得對方的友誼與好感。

在現實生活中，戴高帽的做法常被人恥笑，主要是因為那些品味低俗、令人生厭的偽劣「馬屁」隨處都是，以至人們早已習慣將恭維、讚美與「馬屁」混為一談。其實高帽分有三六九等不同質地。上等品被稱為「讚美」、「讚揚」、「贊許」、「稱頌」等，下等品則被貶為「討好」、「阿諛奉承」、「溜鬚拍馬」、「獻媚邀寵」。

恭維的確是一種藝術，關鍵之處在於根據人的不同心理需求和具體情況來選擇和斟酌自己的話語，讓自己無論怎麼說，別人都愛聽。恰到好處的恭維，能使雙方的感情和友誼在不知不覺中得到增進，還會調動其交往合作的積極性。

不妨跟希拉蕊學習一下，如何送出高帽子，既要達到目的，又要不流於俗吧！

希拉蕊一旦確定要展開ＰＭＰ攻勢，恭維話一定會坦誠得體，必須說中對方的長處。人總是喜歡奉承的。即使明知對方講的是奉承話，心中還是免不了會沾沾自喜，這是人性的弱點。換句話說，一個人受到別人的誇讚，絕不會覺得厭惡，除非對方說得太離譜了。

奉承別人首要的條件，是要有一份誠摯的心意及認真的態度。言詞會反應一個人的心理，因而輕率的說話態度，很容易被對方識破而產生不快的感覺。

而且當希拉蕊運用ＰＭＰ規則時，最後的效果不是用在當面，而是背後。背後稱頌的效果更好。背後頌揚別人的優點，比當面恭維更為有效。這是一種至高的技巧，在人背後稱讚人，在各種恭維的方法中，要算是最使人高興的，也最有效果了。

如果有人告訴我們：某某人在我們背後說了許多關於我們的好話，我們內心一定是極為舒坦。這種讚語，如果當著我們的面說給我們聽，或許反而會讓我們感到虛假，或者疑心他不是誠心的，遠沒有間接聽來的這般悅耳。

政壇水深，在分不清對方是敵是友的情況下，希拉蕊不會擅自動用ＰＭＰ規則。對於不瞭解的人，最好先不要深談。要等妳找出他喜歡的是哪一種讚揚，才可進一步交談。

最重要的是，不要隨便恭維別人，有的人也許不吃這一套，亂套高帽可能弄巧成拙。

ＰＭＰ規則為希拉蕊的人生頻頻加分，足見該規則之強大。當我們與人交往，為人處事遇到不順時，不妨也嘗試下ＰＭＰ規則吧！

「在威爾斯利最大的收穫是交到一些終身的朋友，也得到了展開自己的翅膀與心靈、不斷去獲得自我確定與認同的機會。大家在寢室裡聊天，在餐廳交換消息，從中借鑒學習。我在威爾斯利的四年，和五名同學結成了一輩子的好友。」

——希拉蕊・柯林頓

和優秀的人建立緣分，益友助妳闖天下

一九六一年，希拉蕊讀十年級，希拉蕊生命中的貴人出現了，他就是衛理公會教派青少年牧師唐恩・鍾斯教士。

鍾斯有四年海軍兵役經歷，並且剛剛從新澤西州德魯大學神學院畢業。鍾斯成為希拉蕊生活中一個介於父親、兄長和俠客之間的人物。

鍾斯教希拉蕊欣賞新唱片，閱讀新作品，並用神學和地理政治學術語來為他們賞析畢卡索的畫作，週末的時候，還會帶領年輕的學生們去芝加哥的黑人教堂和西班牙教

堂參觀，跟那裡的青少年進行交流。

在威爾斯理學院讀書的那幾年，儘管距離遙遠，唐恩・鐘斯仍舊是她生活中最重要的男人。他們一直保持著書信往來。

鐘斯不僅是希拉蕊少女時代最重要的老師，在以後的幾十年裡也一直是她精神上的明燈，為她在身處逆境時指引方向和前進的道路，包括她丈夫遭到彈劾的時候。

「盡自己的努力為他人服務」，這是鐘斯始終對希拉蕊灌輸的教誨，希拉蕊一直和鐘斯保持書信聯繫，柯林頓夫婦在白宮生活的那些年，鐘斯夫婦經常去做客。

希拉蕊進入參議院之後，迅速看清了誰是朋友、誰是敵人，而且她把自己的敵人和丈夫的敵人都分得十分詳細。

她向她的支持者們表示，她將永遠不會令他們失望。對敵人，她透過努力來爭取他們或者至少使他們保持中立。

在民主黨這邊，她第一個電話小心翼翼且畢恭畢敬地打給了西佛吉尼亞州的資深參議員羅伯特・貝爾德。

從西佛吉尼亞州到處都是貝爾德別墅、貝爾德ＦＢＩ大樓、貝爾德資助的軍事基地等一系列重量級建築和設施，我們不難看出這位參議員的能量。

雖然幾年之前，貝爾德曾拒絕幫助希拉蕊的醫療保障改革計畫，這直接導致了這項計畫的失敗。但是希拉蕊沒有記仇，反而用自己的努力贏得了貝爾德的贊同。

「九一一」事件發生後，在第二天也就是九月十二日希拉蕊在給貝爾德的電話中說：「我們已完全處於困境。要使這座城市徹底恢復元氣，您能提供幫助嗎？」貝爾德明確地告訴希拉蕊：「請把我當做是來自紐約州的第三名參議員。」

關鍵時刻，這個潛力型朋友幫了希拉蕊大忙。當然，這得益於希拉蕊精明的社交手腕。

那麼，我們在日常生活中應該怎樣挑選朋友呢？什麼樣的朋友能為我們的生活添光增彩呢？答案是：「長期看好的潛力股型朋友。」

一般來說，潛力股型朋友一般具備三個特徵：

1. 他是有能力的人

有人說過，要看一個人是什麼樣的人，就看他的朋友是什麼樣的人。

確實，我們所交的朋友的水準直接影響到我們自己的水準。提高自己的交友水準，可以讓妳找到自身的不足，學習朋友身上的優點，而且也可以進入自己所沒有涉足過的圈子，豐富自己的知識面。

與強者做朋友，時間長了，妳才會有成功者的思維，也才會用一個成功者的思維去思考。可能他現在還沒有做出多大的成就，但是他至少具備成就一番事業的潛力。

2. 他是一個正直的人

這個朋友為人要正值，要坦蕩要剛正不阿，一個人不能有諂媚之色。要有一種朗朗人格，在這個世界上頂天立地。

他的人格可以映襯妳的人格，他可以在妳怯懦的時候給妳勇氣；他可以在妳猶豫不前的時候給妳一種果斷，讓妳有所發展，進而獲取成功。

3. 他是一個寬容的人

其實寬容有的時候是一種美德，它是這個世界上最深沉的美德之一。

我們會發現，當我們不小心犯了過錯或者對他人造成傷害的時候，有時候過分的苛責還有一種批評，都不如寬容的力量來得恒久。

總之，避開那些對妳有害的壞朋友，結交那些能真正交心的好朋友，是女人獲得成功與幸福的不二法門。

掌控情緒，擺脫「全民公敵」的夢魘

「當被賦予責任時，引領人們通向希望之地時總要做出妥協。」
——希拉蕊・柯林頓

一九九二年，柯林頓在剛開始競選時打出了「買一送一」的口號。這給相當一部分民眾造成了錯覺，好像在競選的人是希拉蕊而不是柯林頓。於是民眾提出尖銳的質疑：「希拉蕊，誰選妳當總統啦？」只此一句話，就指出了希拉蕊致命的弱點。

回望希拉蕊一路走來的卓越成績：第一批進入到法學院的女性學生，第一個在畢業典禮上致辭的學生代表，全美一百名傑出律師之一，希拉蕊無論在職業還是智力水準上，都可以與丈夫匹敵。但她的才能帶給她的並不是輕鬆和稱讚，反而是污蔑和挖苦。希拉蕊雷厲風行的作風不僅惹惱了男人，甚至被很多家庭主婦們多不解，她們不明白希拉蕊何以這樣強大，甚至使得她的丈夫也相形見絀起來。

在幾乎成為「全民公敵」的重大壓力之下，希拉蕊開始謹慎行事，確保不再有什麼把柄落到政敵手中。她甚至給自己做了一次改頭換面的包裝，暫時收回鋒芒，進而為柯林頓贏得更多的選票。

通常情況下，太過鋒芒畢露的人在江湖上闖蕩的時後，總會應了那句「樹大招風」的話，希拉蕊這棵「大樹」從一開始在政壇亮相，走的就是光芒萬丈的路線，沒有比她更礙眼的「眾矢之的」了，但是幾十年過去了，希拉蕊作風上的精明能幹非但沒有消減，反而愈演愈烈。敵人只會隨著職務的增長只多不少，希拉蕊是如何應對人民群眾對她的不良印象，一路輝煌到底的呢？

首先，希拉蕊是個情緒掌控的十分到位的政客。當初柯林頓向希拉蕊承認和陸文斯基有染時，希拉蕊也只是關上門在自家屋子裡大吵大鬧了一次，之後就默默的鬱悶，但再不聲張。

希拉蕊是憑藉什麼樣的信念原諒柯林頓呢？大局著想的氣魄和自己對參議員的嚮往。希拉蕊深知什麼可以鬧，什麼不可以鬧，她明確知道自己想要什麼，因此儘管她氣憤、情緒化，但她不會把情緒發洩在無用的事情上。

就像最初在競選總統時民眾不喜歡她的女強人形象一樣，希拉蕊非常懂得「能屈能伸」的道理，不惜改頭換面來贏得大眾的口味。在與敵人交鋒這件事情上，希拉蕊不戀戰，更不會和自己的情緒較勁，這是她高明的第一點。

以德報怨，是希拉蕊擺脫「全民公敵」的夢魘最重要的品質。以德報怨是一種心胸，更是一種技巧。柯林頓與布希家族現在弄得如此熱絡，並非沒有所圖。

從現在看，二００八年大選，希拉蕊是民主黨頭號種子選手，而希拉蕊當選的一大障礙，是她和布希一樣，是個分裂國家的人物，恨她的人與愛她的人幾乎一樣多。但這個被右翼描繪成是自由派最極端的代表，如果自己的老公和最右翼最保守的布希家族交情日深，人們可能就會越來越不相信右翼對希拉蕊的妖魔化，中間派選民就會被爭取過來。

不管未來成敗如何，柯林頓夫婦對於透過性醜聞把自己搞得聲名狼藉的右翼，開始操作「以德報怨」，超然於黨派仇恨之上，愛你的敵人，這樣一來，使得希拉蕊更有大將風範。

二〇〇九年六月七日，希拉蕊發表了退選演講，承認自己的競選失敗，通篇演講詞盪氣迴腸，她對自己參選的意義，總結得非常漂亮。希拉蕊對歐巴馬讚美之詞，簡直無以復加。誰又能想到幾個星期前，兩人還在互相競爭呢！

如果有一天妳很不幸的成為了全民公敵，不要慌，靜下心來穩住自己的情緒，想想自己要什麼，想想可以為大局忍受些什麼。有敵人並不可怕，可怕的是妳被敵人輕輕一下打倒，且永世不得翻身。

手腕高超，與不同見解的人達成共識

「希拉蕊有種特別的本領，能跟那些持不同見解的人達成某種共識。」

——比爾・柯林頓

自當選參議員以來，身為民主黨的希拉蕊已與半數共和黨參議員在立法或表決中合作過。比如說，她與當年主張彈劾柯林頓的宣揚者——共和黨參議員琳賽・格雷厄姆結盟。

二〇〇四年，她還跟共和黨參議員約翰・麥凱思一起出國考察，在愛沙尼亞時，兩人的關係也是非常輕鬆，在一次晚餐上，希拉蕊甚至與他談起柯林頓與雀兒喜，開起玩笑，還一起喝了幾杯伏特加。

雖然，希拉蕊在私下裡取笑過新當選的共和黨參議員伊莉莎白・多爾，但她也知道如何在公開場合與他們合作。

二〇〇六年，她與伊莉莎白・多爾合作，支持以色列的紅大衛星會加入國際紅十字會。

這就是希拉蕊的獨特本領，也是她高超社交手腕的展現。希拉蕊用實際行動告訴女性朋友們，千萬不可輕視身邊那些持不同見解的人，跟他們搞好關係非常重要。這些人平時不顯山不露水，但是到了關鍵時刻，說不定就會成為左右大局、決定生死的「重磅炸彈」。

所以，平常無論是說話還是辦事，一定要記住：把鮮花送給身邊所有的人，包括妳心目中的「反對派」。不要總是時時處處表現出高人一等的樣子，因為再有能力的人也不可能把所有的事情都辦好，再優秀的籃球運動員也不可能一個人贏得整場比賽。

在經營管理中，人的因素至關重要，有了人才會有事業、有情義，同時也會帶來效益。俗話說：「不走的路走三回，不用的人用三次。」說不定，有一天，妳心目中的「反對派」會在某個關鍵時刻成為影響妳的前程和命運的「大人物」。何況一百個朋友不算多，冤家一個就不少，越是小河溝越可能會翻大船。

在芸芸眾生之間，有著無數能夠在關鍵時刻大顯神通助妳成功的「貴人」，或陷妳於困境的「小人」。所以，女人，要營造廣茂的人脈關係，就要隨時隨地廣泛交往，重視身邊持不同見解的人，多結善緣才行。

對於這類人，一般不要輕易得罪，不要與他們發生正面衝突，要學會與他們交朋友。俗話說，「多一個朋友多一條路」。

不要用實用主義的觀點去處理與他們的關係，應記住：妳花在「反對派」身上的精力、時間都是具有長遠效益和潛在優勢的。在不遠的一天，也許就在明天，妳將得到加倍的報答。那麼，我們平時需要注意什麼才能於不同見解的人達成共識呢？

1. 微笑

據說，人在笑的時候，要使用十三塊面部肌肉，而在皺眉時，要使用四十七塊面部肌肉。正因為如此，人在笑的時候快樂而且自然。整日愁眉苦臉的人，可以說沒有意識到自己忽略了一個最有魅力的特點，微笑或笑臉，好比是投向水面的小石塊，能不斷地增加和擴大親切友好的漣漪。

對於別人銳利的目光，不要以眼還眼，而應該報之以微笑。對於生性乖僻、靦腆的人，我們若能笑臉相迎，相互間的隔閡就會消除，對方緊繃著的臉也會很快鬆弛下來，並露出笑容。

2. 傾聽

有些女性因為很想讓人覺得自己有才氣、理解能力強，所以喜歡經常說俏皮話，結果卻給人一種不懂裝懂、賣弄學問和只想談論自己的印象。妳對別人的話若能做到側耳傾聽，連半句也不放過，那麼別人反而會覺得妳很有水準。事實上，一個人越是有水準，他在聽別人講話時就越認真、越專注。所以那些講起話來口若懸河、滔滔不絕的人，那些不管什麼場合都想發表自己意見的人，以及那些等不到對方把話講完就想做出回答的人，應該耐心聆聽對方講話，這樣才能顯得聰明、慎重和深謀遠慮。

若能鼓勵和引導對方把話都講出來而自己保持緘默，對方就無法掩蓋自己的內心世界了。專注地、同情地、耐心地傾聽對方暴露自己的內心世界，那就是了解對方的過程。透過這種傾聽，妳就能交到好朋友，能被情人所鍾愛，進而增強滿足感和幸福感。

傾聽是最能使對方感到高興的一種「讚語」，也是給對方自尊心的強化。與此相反，妳如果不肯傾聽對方講話，會使對方的自我趨於萎縮。

練好語言功夫，不會說話就別當頭

「跟她相處一會兒就會和她有一見如故的感覺。」
——希拉蕊某助理

二〇〇八年六月七日，激烈的新任總統競選終於劃上句號，歐巴馬在世界矚目下勝出，希拉蕊雖然失敗了，卻依然保持著勝利者的姿態。

這一天在華盛頓發表了退選演說，她足足講了三十分鐘，作為美國歷史上第一位競選總統的女性，其退選演說極富感染力而不失優雅。期間不時爆發的幾十次的掌聲和歡呼，足以證明了希拉蕊的語言功底，她不僅把語言當成了實現政治目的途徑，更把她的語言演變成一項藝術。

而今在政壇上飽經世事的希拉蕊早已將語言功夫歷練得爐火純青，但早些年，初出茅廬的希拉蕊也曾在語言上吃過虧。在她幫助柯林頓競選總統時，他們的政敵就曾惡意誇大希拉蕊的快人快語是「大臭嘴」的爆發，希拉蕊在公眾面前演說時的一針見血，也曾惹怒過一部分民眾。經歷了這些不愉快之後，希拉蕊馬上調整自己在語言上使用技巧。

當她隨同夫婿正式入住白宮時，全新的語言風格讓她給眾人留下了絕佳的印象。白宮裡的同事們都說，只要妳和希拉蕊待上一會兒，就能感受到她的語言魅力，讓人如沐春風。

很多人覺得希拉蕊的社交能力突出，最直觀的展現就是經過長時間的社會歷練後，她的語言表達能力突飛猛進到達了爐火純青的地步。

語言是一把雙刃劍，說好了可以錦上添花，說不好則成為社交場合裡的阻礙。再多的才藝都比不上練好語言功夫划算。

作為一個不走尋常路的總統夫人，希拉蕊所要面對的尷尬處境遠遠多過那些在總統身邊充當親善大使的第一夫人們，希拉蕊大概比任何人都能領略到語言的魅力，它帶她去過天堂——當慷慨激昂的演講贏得滿堂喝彩的時候；它也把她拖進過地獄——一個詞語使用不當而惹怒媒體或者民眾的時候。

和男人的犀利不同，女人向來總是被冠以「賢淑」的頭銜，話語如果太尖銳直接，總會招來非議。而男人則不同，越犀利可能越有女人喜好，所以身為成功女性的代表人物，逐漸成長壯大的希拉蕊越來越懂得語言的力量，她開始時刻注意起自己的措辭，儘量不受語言的牽累。首先改變的是希拉蕊講話時的態度，再也沒有了初出茅廬的快人快語，雖然率真，但也難免樹敵。希拉蕊開始用平實但不乏激情的語氣與民眾交流，這一招很奏效。

在和平級或下屬之間的交流上，希拉蕊也有很大進步。接觸過她的人都說，和希拉蕊交流有如沐春風的感覺。

希拉蕊是如何做到的呢？總結起來，是希拉蕊比較能夠換位思考，能夠顧及對方的感受。假如對方最近做股票虧了一大筆錢，妳還不經大腦思考的說恭喜發財的客套話，那就踩到對方的地雷了，搞不好，對方還會覺得受到了嘲笑。如果對方正在和妻子鬧不愉快，妳就不要在對方面前大曬自己和老公的恩愛，那只會使對方徒增煩惱，讓整場談話降至冰點。

與人交流，要有自己的風格才能讓人過耳不忘。希拉蕊本身就是個性鮮明的人，她的好戰心理讓她在與人交流時總能帶一點適度的挑釁，這一點非但沒讓她樹敵，反而讓數次談話變得熱絡了起來。

希拉蕊通常會在親近的下屬和友人之間開一些無傷大雅的小玩笑，犀利卻不失幽默，尺度拿捏得非常到位。這樣一來，談話就變得很有趣，而假如妳面前坐著一個無論妳說什麼都只會點頭唯唯諾諾的牆頭草，那感覺才叫鬱悶，簡直就像對著牆壁打網球一樣沉悶。

如果我們練習把所見所聞和語言結合一體，使我們的談話變得謹慎，那我們可能因為說話謹慎而成為一個可靠的人。如果我們注意說話的品味，也許最終變成有品味的人。又或者我們願意把一件枯燥的事情講得好玩，而最終變成了又意思的人。總之，練好語言功夫，是一本萬利的事，只要動動嘴就能獲得好人緣，甚至是好人生，這麼便宜的大好事，何樂而不為呢？

適時放下身段，「對不起」威力無窮

「我並不想傷害泰咪．溫妮特本人，如果她認為受到了傷害，那我感到很抱歉。」

——希拉蕊．柯林頓

牽扯出柯林頓和女星的緋聞後，希拉蕊和柯林頓必須出面作出澄清，為此，他們共同參加了美國老牌電視新聞節目《六十分鐘》。

在此之前，尼克森總統曾批評希拉蕊的形象太過強大，如果妻子過於強大和聰明，那丈夫就會顯得很沒用。

他認為民眾往往會同意法國紅衣教主卡迪納爾．黎塞留的看法：「女人不應該太聰明。」針對這一話題，希拉蕊回應道：「大家知道，我不是泰咪．溫妮特那樣的小女人，站在自己男人身邊。我來到這裡是因為我愛他、尊敬他並且為他以及我們共同的努力感到自豪。如果這些還不夠，那大家就不要投他的票。」

泰咪・溫妮特是美國當時的老牌鄉村歌手，聽到希拉蕊在收視率很高的電視節目裡這樣點評自己，非常不高興。

第二天溫妮特的經紀人公開要求希拉蕊道歉，但是理由有些模糊，她好像對於希拉蕊沒有把自己和自己著名的歌曲《站在妳的男人一邊》區分開來而感覺到受了傷害。希拉蕊馬上和溫妮特通了電話，鄭重道歉，但第一次溫妮特似乎並不買帳，於是希拉蕊繼續打給她，並且聲明她會在另外一檔節目中對此事做出澄清。

希拉蕊的誠意打動了溫妮特，溫妮特覺得希拉蕊是真的感到很抱歉，並且覺得希拉蕊是個很不錯的人。希拉蕊道歉，為柯林頓競選州長贏得了重要籌碼。

古人有訓：「言多必失」，但身為希拉蕊這樣的政界公眾人物，不可避免的要「言多」，而且是在大庭廣眾之下發表言論。誰都不是聖人，難免會說錯話，說錯的話像潑出去的水難以收回，但總不能從此閉口不言，要解決這個方法，需要我們學會巧妙的從說錯話後的不利局面中走出來。

最好的辦法是即刻道歉，越早說對不起，對於妳緩和局面越有利。而且妳會發現，無論之前妳的禍從口出帶來多大麻煩，只要妳誠心實意的說上一句「對不起」，就很快就可以化干戈為玉帛。

人們常說男人好面子，其實女人何嘗不是，尤其是女人和女人之間，更是把面子看得很重。人非聖賢，孰能無過?有的女人卻認為承認錯誤是暴露了自己的缺點和錯誤，尤其在別人面前，是一件有失身分的事情，即使犯了錯也不肯承認，遮遮掩掩，甚至在別人當面指出的時候都不肯承認，更不要說道歉了。

有時候女人明知道是自己的不對，可是礙於所謂的身分或者面子，不肯主動認錯，覺得認錯是沒面子的事情，所以衝突也就無法解決。其實一個人能主動承認錯誤，就是一種勇氣，也是一種會說話的表現。

即使是確有非解釋不可的客觀原因，也必須在誠懇地道歉之後再略為解釋，而不宜一開口就辯解不休……這不是一種聰明的道歉方式，因為妳對自己的錯誤實際上是抱著抽象否定、具體肯定的態度。這種道歉，不但不利於彌合雙方思想感情上的裂痕，反而會擴大裂痕、加深隔閡。真心實意地認錯、道歉，不要強調客觀原因、做過多的辯解，才是最佳的道歉方式。

卡耐基著名的人際關係原則中有一條：如果錯在你，應當立即、斷然地承認。

認錯並不會丟面子，也不會說明妳能力差，相反的，它證明妳是個有勇氣的人，人們都會喜歡一個勇於承認錯誤的人。

聰明女人，要學會適時放低身段，把「對不起」這三個字說出口。很多時候，越簡潔的話語就越有分量。這三個字就足以表達妳內心所有的歉意，無須再做過多的解釋。「對不起」三個字，意思無非是讓別人占上風，妳既然讓他占了上風，他還有什麼更多的要求呢？

踏上傾聽之旅，才能親吻機遇

「我籌畫一趟「聆聽之旅」，準備在七、八月走遍紐約州，以傾聽選民和地方領袖對他們的家庭和社區有何關切和理想。我在七月七日抵達莫尼漢的農莊，這趟競選之旅就從這裡開始。」

——希拉蕊・柯林頓

希臘人說，神賦予我們兩隻耳朵卻只給我們一張嘴，是為了讓我們少說話，多聆聽。聆聽自然的聲音，聆聽別人的談話都是處世藝術，而能夠在繁雜的資訊時代聽得到生活啟示，聽得進生命勸誡的人是生活藝術家，只有這樣的人，才能在人生舞臺上揮灑出最有魅力的生命姿態。

善於聆聽，是一個成熟的女人所應該具備的最基本素質，是對別人意見的尊重，即使不能採納，也要有一雙善於傾聽的耳朵。

聆聽，意味著要有足夠的耐心去對別人產生興趣。如果妳認為生活像劇院，自己就站在舞臺上，而別人只是觀眾，自己正在將演技發揮得淋漓盡致，而別人也都注視著自己，那麼妳會變得自高自大，以自我為中心，也永遠學不會聆聽。

實踐是檢驗真理的唯一標準，希拉蕊就用自身的親身實踐見證了聆聽的魅力，為我們上了一堂示範課。

在二○○○年的紐約州參議員選舉中，希拉蕊一改往日直言不諱地宣傳和主張自己見解的做法，而是踏上了「傾聽之旅」，也就是來到民間，努力聽取選民的心聲。與選民們親切交談。

在談心的過程中，希拉蕊很少講話，即便說話，也是順著選民們的意思講話。「傾聽之旅」讓希拉蕊用無與倫比的親和力贏得了選民們的心，成功當選為參議員。

在參議院中，希拉蕊繼續發揮這種傾聽之旅的魅力，使她得到了同僚們的大力認同，甚至包括以前對希拉蕊有敵意的同事。

現實生活中，我們很多女性朋友並不知道如何傾聽別人談話。

當別人有問題來找我們時，我們常說得太多。而且我們總是試著提出太多建議，其實大多數時候最重要的也許只是傾聽，同時把耐心、寬容和愛傳達給對方。

傾聽是對別人的尊重和關注，也是我們與別人溝通的一個組成部分，它在日常的人際交往中具有非常重要的作用。

學會傾聽的女人，她往往表現出大度與接納，散發出女人特有的溫情魅力，更容易受到傾訴者的歡迎。善於傾聽的女性收穫總是比不善於傾聽的女人多，除了獲取他人的好感外，更重要的一點是可從他人的言語中獲得重要的資訊。

一個人在講述自己的故事或他人時，總會難免加一點個人感情，這就為我們瞭解他人提供了一種便捷的方式。

有些女性總想急於表現自己，不給對方說話的機會。這是人的天性，這種做法可以理解，但作為交往方式，這卻是很不明智的。法國哲學家羅西法古說過：「如果你想得到仇人，就表現得比你的朋友優越；如果你想得到朋友，就讓你的朋友表現得比你優越。」

也許妳很願意談自己，但別人也是這樣，因此妳老是談自己別人就會不耐煩。

其實仔細想一想，自己也沒什麼好談的，因為妳說得再多也不可能使自己變得更理想，反而給人留下誇誇其談的印象。如果妳要贏得別人的喜愛，不妨鼓勵對方多談談他自己。

那麼，女人在工作和生活中怎樣才能成為一個良好的聽眾呢？

1.傾聽時要有良好的精神狀態

良好的精神狀態是傾聽的重要前提，如果溝通的一方委靡不振，就不會取得良好的傾聽效果，它只能使溝通品質大打折扣。良好的精神狀態要求傾聽者集中精力，隨時提醒自己交談到底要解決什麼問題。

聽話時應保持與談話者的眼神接觸，但對時間長短應適當把握。如果沒有語言上的呼應，只是長時間盯著對方，就會使雙方都感到局促不安。另外，保持身體警覺可以使大腦處於興奮狀態。

2.使用開放性動作

開放性動作是一種資訊傳遞方式，代表著接受、容納、興趣與信任。開放式態度是一種積極的態度，意味著要控制自身的情緒，克服思維定式，做好準備積極適應對方的思路，去理解對方的話，並給予及時的回應。

熱誠傾聽與口頭敷衍有很大區別，它是一種積極的態度，傳達給他人的是一種肯定、信任、關心乃至鼓勵的資訊。

3.及時用動作和表情給予呼應

作為一種資訊回饋，溝通者可以使用各種對方能理解的動作與表情，表示自己的理解，傳達自己的感情以及對於談話的興趣。如微笑、皺眉、迷惑不解等表情，給講話的人提供相關回饋資訊，以利於其及時調整。

4.適時適度地提出問題

溝通的目的是為了獲得資訊，是為了知道彼此在想什麼，要做什麼。因此，適時適度地提出問題是一種傾聽的方法，它能夠給講話者以鼓勵，有助於雙方的相互溝通。

5.要有耐心，切忌隨便打斷別人的話

有些人話很多，或者語言表達有些零散甚至是混亂的，這時就要耐心地聽完他的敘述。即使聽到妳不能接受的觀點或者某些傷害感情的話，也要耐心聽完，聽完後才可以表達妳的不同觀點。

當別人流暢地談話時，隨便插話打岔，改變說話人的思路和話題，或者任意發表評論，都是一種沒有教養或不禮貌的行為。

6. 必要的沉默

沉默是人際交往中的一種手段，它看似一種狀態，實際蘊涵著豐富的資訊。它就像樂譜上的休止符，運用得當，則含義無窮，可以達到「無聲勝有聲」的效果。但沉默一定要運用得體，不可不分場合，故作高深而濫用沉默。而且，沉默一定要與語言相輔相成，才能獲得最佳效果。

傾聽是一種動聽的語言，傾聽是我們對別人最好的一種恭維，很少有人拒絕接受專心傾聽所包含的贊許。幸福的生活，總是離不開和諧的人際圈子，而和諧的人際圈則需要用傾聽作為支撐手段之一。幸福的女人是會傾聽的女人，善於傾聽，會讓她處處受歡迎。

CHAPTER 7

發掘女人天生的領導優勢

打造專屬團隊，讓自己強上加強

「我的幕僚對自身的審慎、忠誠和友情引以為傲，我們有自己的精神特質。」

——希拉蕊．柯林頓

柯林頓的一位競選助理在一九九二年時用「希拉蕊地盤」來形容柯林頓任總統時白宮的一種重要亞文化非常貼切。柯林頓的助理們中「走漏消息的風氣很盛，希拉蕊地盤的人則守口如瓶」。

在希拉蕊開始競選參議員時，希拉蕊地盤已成為紀律與忠誠的代名詞，追隨者「對她的狂熱崇拜」可與此前人們對甘迺迪家族的崇拜相提並論。一位很欣賞希拉蕊的民主黨人說：「自羅伯特．甘迺迪之後，我從沒有見過人們像對希拉蕊這樣的忠誠。」「希拉蕊地盤在文化上與布希世界相似，與柯林頓地盤不同。」一位參議院顧問評論道，「它更富有紀律性、目的性更強、行事更為審慎。你離希拉蕊越近，你就越忠於她，越樂意創造和維護這種文化。」

女性相對來說普遍沒有那麼強勢，所以要成就一番事業更得像希拉蕊那樣打造自己的專屬團隊，利用團隊的力量來助自己一臂之力。不管是生活還是職場中，總有一些女性朋友自視甚高，以為做事「捨我其誰」。她們高傲的像「獨行俠」一般，以自我為中心，極少與別人溝通交流，更不會承認團隊對自己的幫助。

針對這種現象，其實希拉蕊就給人們上了最生動的一課。毋庸置疑，希拉蕊具有過人的能力和非凡的才華，但是單靠她一個人是絕對不可能成功競選上參議員和對總統寶座發起挑戰的。聰明的她深諳其道，於是「希拉蕊地盤」出現了，而且，裡面的每個人都有著良好的職業素養和職業道德。

職場中，成功女性都明白一個簡單的道理：合作則兩利，分裂則兩敗。

這就像一棵樹，無論它怎樣偉岸、粗壯和挺拔，也成不了一片森林；一塊石頭，無論它怎樣大，也成不了一面牆。任何人要有所作為，就必須打造自己的專屬團隊，依靠團隊的力量，這樣才能贏得發展。

現代企業不需要獨行俠，而是需要能夠與其他成員精誠合作，共同進退的員工。

一個人如果善於同別人合作，即使自己能力上有欠缺，也可以取長補短，順利完成任務。相反的，如果一個人的能力很強，但是不注重與其他成員之間的合作，就不能保證任務順利完成。

智者找助力，愚者找阻力。女性朋友要善於借助別人的力量，讓弱小的自己變得強大，讓強大的自己變得更加強大，使自己的成功更持久。這是一種高超的社會智慧。其實，善借力量來打造自己的專屬團隊並不難。

1.要有一顆寬容的心

應當尊重別人的選擇，給別人以自由思考和生活的權利。大千世界，凡是有人群的地方，就難免有矛盾，有鉤心鬥角。各種利害衝突使人不可能不發生摩擦。有君子，就有小人，有溫情，就有冷漠。如何在一個複雜的群體當中站穩腳步，並得到大多數人的支持和幫助呢？只有「寬」才可以。

2.要善用加法

善用加法，也就是要盡可能增加能夠幫助和關心妳的力量。加法無處不在。天時、地利、人和，三者相加，最容易成功。將一種阻礙妳的力量，變為支持妳的力量，這是最大的加法。

對每一個想成事的女性來說，團隊精神在一個公司、在一個人事業的發展過程中都是不容忽視的。「沒有完美的個人，只有完美的團隊」，這個觀點已被越來越多的人所認可。每個人的精力、資源有限，只有在協作的情況下才能達到資源分享。

單打獨鬥的年代已經過了，只有懂得合作的人才能借別人之力成就自己，並獲得雙贏。妳想成為真正的笑傲職場的「大使」嗎?那就徹底告別「獨行俠」的角色吧。

親力親為，打造「女王式」鐵腕管理

「她走出來站在了前臺，一路追蹤著選舉情況，並掌握大權。無論什麼事，她都有自己的看法。」
——一位參與柯林頓一九八二年州長競選的工作人員

通常意義上，女性管理者因為性別上的差異，一般缺乏男性管理者的嚴格和權威，多了一分溫柔和細膩，其實，鐵腕管理並不是男性的專用名詞，我們且來看看希拉蕊是如何用親力親為打造嚴格管理的。

一位參與柯林頓一九八二年州長競選的工作人員這樣說道：「她走出來站在了前臺，一路追蹤著選舉情況，並掌握大權。無論什麼事，她都有自己的看法。我確實是說每一件事——無論是人、事，還是比爾將在哪裡發表演說，所有的一切。」顯而易見，這裡的「她」指的就是希拉蕊。

一九八二年的州長競選成為柯林頓夫婦倆以後政治活動的一個範本，希拉蕊以親力親為的嚴格管理，參與了競選政策、戰略、時間表和人事方面的決策，這就是希拉蕊式的鐵腕管理。

在封建社會，當國家發生外寇入侵等大事時，有時皇帝會親自率軍禦敵，這種行為被稱為「御駕親征」。在現代企業管理中，管理者要樹立自己在員工中的威信，在適當地時機，也要親自上陣，該出手時就出手，希拉蕊在競選活動中「親征」的事情，給下屬們帶來了巨大震撼：領導者都如此，我又有什麼理由不全力以赴呢？

希拉蕊「親征」不僅屢屢為柯林頓贏得大大小小的成功，而且在全體下屬面前做了一個親力親為的榜樣，提升了作為管理者的形象，進而樹立了自己的威信。

有些管理者似乎沒有認清自己的立場與任務，只會在口頭上堆砌一堆大道理，卻從來不肯在行動上率先示範。他們理直氣壯地坐在自己的座位上專心從事管理工作。這樣的管理者註定要付出與員工日漸疏遠的代價。事實上，只會指揮下屬工作的管理者，根本不可能率先示範給下屬看。在某些時候或某些場合，管理者必須要親自行動。也就是說，上司在某些情況下也要從事第一線的工作。管理者不但要指導下屬、管理下屬的行動，有時候更要站在下屬的前頭，以一副「看好，要按照我示範的方法做」的態度率先示範。

對於大多數女性管理者來說，做到鐵腕管理不是那麼簡單和容易的，為此，我們提供了一些建議以供大家參考：

形象幹練

徹底改變讓妳看上去太過溫柔軟弱的做法，樹立起一個威嚴的形象。第一件要做的事，就是叫男朋友不要在妳上班時打電話，也不要男朋友到妳公司來接妳，更不要在眾人面前，在電話裡跟他嗲聲撒嬌，這樣才能顯示出自己的工作責任心及起碼的獨立能力。

保持獨立

如果說在私下交往中，妳還可以得到男人的關心愛護的話，那麼在工作中則根本不可能得到男同事的禮遇。要是妳能幹，男同事反而會有受威脅的感覺，否則他又會嗤之以鼻。

因此，女人在工作場所裡，儘管能得到男人口頭上的諸多關照，但一到實際情形，則沒有誰會真心幫助妳，惟一能依靠的只有妳自己。

反應敏銳

作為一個出色的女主管，要想和下屬建立一種良好的工作關係，就需要擅長觀察下屬的情緒，採取不同的辦事方法。

男人面對職業女性時，常常手足無措，因為他所面對的女性，既是同事，又是女人。在這種情況下，應設法消除他們這種心理，努力尋找並建立一個共同點，產生共鳴，使相處變得容易。

控制眼淚

女性很容易用哭泣來要求想要的東西，但工作環境裡，這種女性化的情緒表現卻是不能讓人容忍的。雖然這一哭，可能會立刻得到同情，但這只是一?那間的事，從長遠的眼光來看，不但有損妳的威嚴，也對妳的事業形象有害。

在有些情況下，男人能接受某些女人的眼淚，但對一位女主管卻絕對不能。他們會鄙視動不動就哭的女人，並從此斷定該人不能做大事。所以，妳一定要學會控制自己的眼淚。

接受批評

女人有時很情緒化，聽到別人的批評，容易不經考慮而立刻為自己所做的事情進行辯護，找藉口說明自己是對的。有時還會喪失客觀的判斷力，而令人覺得不能接受建設性的批評。特別是受到上司的指責時，更會覺得難受。所以女人有必要不斷提高自己客觀的理解能力，學會接受批評。否則，妳的同事和上司難以和妳溝通，不能與妳心平氣和地傾談，這對妳是不利的。

柔性管理，性別就是天生的優勢

「那種在生日那天祝妳生日快樂，在妳父親生病時向妳問候的老闆。」
——希拉蕊總統競選女性選民負責人的桑吉斯

對於柔性管理，女人似乎具有天生的優勢，溫柔是女人的特性，女強人也懂得用柔情打動人心。

擔任希拉蕊總統競選女性選民負責人的桑吉斯稱讚希拉蕊是「那種在生日那天祝妳生日快樂，在妳父親生病時向妳問候的老闆」。

在柯林頓入主白宮一百天後，所有的白宮工作人員都收到了一朵長莖粉紅玫瑰和一張附有柯林頓和希拉蕊親筆簽名的感謝卡。上面寫著：「感謝您自就職典禮以來所做的所有工作。我們正面臨一個偉大的歷史機遇來實現國家的輝煌，感謝您在前一百天的參與。」

在管理的整個過程中，除了以理服人，還要學會以情動人，這就是一種柔性管理，可以在潛移默化中收攏人心。

柔性管理展現了一種大愛，一種親和力，能從情感上讓人願意追隨，並產生依附和忠誠。柔性管理最大特點，在於它主要不是依靠權力發號施令，而是依靠人性解放、權力平等、民主管理，從內心深處來激發每個員工的內在潛力、主動性和創造精神。

瑪麗的前任上司升官調任，空降了一個有圈內「鐵娘子」之稱的女上司。

剛開始瑪麗幾乎天天被女上司挑毛病，不是客戶投訴問題，就是策劃方案不夠完美需要修改……瑪麗的神經天天緊繃著，也曾經背後和同事嚼過舌根：「工作狂的女人都有點變態，她不會是看我們年輕貌美在嫉妒吧？」

但抱怨歸抱怨，瑪麗對她的工作卻絲毫不敢鬆懈，於是她開始按照上司的要求投入工作。

有次她加班到很晚，發現上司辦公室的燈光始終亮著，似乎是為了陪伴自己，而且上司還為瑪麗叫來了宵夜，大家一邊吃一邊談工作進展。

「我從妳身上看到了我當年的影子，所以對妳要求特別高，妳能體諒嗎？」上司溫和地三兩句話，將瑪麗之前對她所有的不滿全部打消了。

女上司溫柔地說幾句安慰的話，輕易地就征服了下屬。有時候，女上司也可以在男性面前技巧性地示弱，這樣更容易開展工作。

一年前，莫妮卡被提拔為分公司經理，從此每天都在處理各種麻煩。先是遇到公司改制，後來又遭遇金融風暴，公司出現了人員變動和薪資調整，每件事情都直接關乎員工利益，需要莫妮卡去平復和繼續開展工作。她也因此總結出許多技巧：女上司想要成功地統領妳的下屬們，尤其是男下屬，就要學會技巧性地示弱，滿足其自大的心理，這樣才有利於工作。

不過，不服從和有抵觸情緒的男下屬例外，苦口婆心只能讓他看扁妳，偶爾也要拿出上級的威嚴示強，但要確定這個強是真正有能力的強，而不是壓制別人的強。

做上司難，做女上司更難，做一個優秀的女上司更是難上加難。

當大男子主義傳統依舊根深蒂固時，男人骨子裡是不願意被女人指手畫腳的。

作為女上司，妳的工作能力是毋庸置疑的，適時的溫言軟語也是妳在職場中一帆風順的撒手鐧。具體可以從以下幾個方面入手：

1. 不要對任何人、任何事都表現得很強勢，溫柔的言語更能籠絡人心。
2. 在男同事面前技巧性地示弱，更能獲得他們的支持。
3. 作為女上司，尤其要注意不要隨意地任性和猜忌別人。
4. 多多關心同事、下屬，會讓妳顯得更加平易近人，別人也願聽從妳。

專人專用，用最合適的人做最擅長的事

「公司或事業唯一真正的資源是人，管理就是充分開發人才資源，以做好工作。」
——國際管理大師湯姆・彼得斯

希拉蕊知道如何用最合適的人做最擅長的事。在柯林頓入主白宮後，希拉蕊就命專人負責阿肯色州白水案件以及希拉蕊在羅斯事務所的事情，同時，她還命專人處理夫婦倆來到華盛頓之後對他們一些不利的潛在危機。

此外，如果媒體輿論裡有什麼風吹草動引起了希拉蕊的注意，她就會打電話垂詢專門的律師。對這些人的分配，希拉蕊都成竹在胸，專人專用，幫助希拉蕊一路披荊斬棘，過五關斬六將。

女性領導者要像希拉蕊學習，有效發揮企業人才的價值，讓合適的人做合適的事，這是提高領導力的重要途徑之一。美國第一代鋼鐵大王安德魯・卡內基的發跡，關鍵

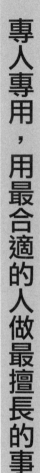

在於他善掌「萬能鑰匙」。他起家時兩手空空，但到去世的時候已擁有近二十億美元的資產。人們對於這位「半路出家的鋼鐵大王」的成功感到十分迷惑不解。

其實，卡內基的成功除了他具有可貴的創造精神外，還有一點非常關鍵的，就是作為企業的領導者，他善於識人和用人。卡內基說過：「我不懂得鋼鐵，但我懂得製造鋼鐵的人的特性和思想，我知道怎樣去為一項工作選擇適當的人才。」這正是他一生事業旺盛的「萬能鑰匙」。

女性管理者要懂得這樣一個道理：企業的人才有時就像企業生產產品所需要的材料一樣，必須十分合適，如果所選的人才不合適，就無法滿足企業的需要。讓合適的人做合適的事，才能突出有效執行的能力，否則就很難達到目的。大家都知道，執行力是有界限的，某人在某方面表現很好並不表示他也能勝任另一工作。

彼得斯曾指出：「雇用合適的員工是任何公司所能做的最重要決定。」他把管理工作概括為：「讓合適的人去做合適的事。」然而，如果我們雇用了一些不合適的人，就別指望他們能把該做的事做好了。

大部分女性管理者的成功，都在於她們能夠讓合適的人做合適的事，能找到擁有執行能力的人。讓合適的人做合適的事，遠比開發一項新的戰略更重要。

這個宗旨適合於任何一個企業。執行的過程就等於下一盤棋，企業高層領導者要儘量發揮人才的資源優勢和潛力，找到最合適的人，並把他放在最合適的位置上，把任務向他交代清晰，就可以做到最好。

在這個世界上，每個人的能力和每個地方的需要都是不同的。不同的工作需要不同能力的人，而不同的工作環境也可以培養不同能力的人。

作為一個女性管理者，把任務授權給最合適的人是最重要的。讓合適的人做合適的事，達到人事相宜，是女性領導者授權的一項重要原則。

一個公司只有做到人盡其才，物盡其用，才能維持上下齊心，共舟共濟，興旺發達的局面。那麼，女性管理者需要怎樣做呢？

1. 任人標準不可太高

任人標準定得太高超過實際需要，必然使人望而卻步。對一些進取心、事業心較強的人來說，這是一種具有挑戰性的工作，但是，一旦上任，發現其「輕而易舉」，毫無進取空間，就會另謀他就。

2.任人標準不可太過武斷，應帶有一定「彈性」

過分武斷，容易增加壓迫感使人望而生畏。應根據具體需要，分為必要條件和參考條件兩種，必要條件即是從事某工作不可缺少的必備條件，參考條件有之則好，無之也可。在備選人員較多的情況下，必要條件可高一些，反之，則可低一些。當然，也必須以「勝任工作」為原則。

3.取消一切不必要的標準

例如，要求一位市長精通農業耕作，要求一位經理熟悉文學創作，要求一位電工具有較強的口頭表達能力，恐無必要。

贏得人心，要打真誠牌

「一旦你加入希拉蕊地盤，就永遠也離不開她。」
——約迪‧莎功

二〇〇一年一月三日，希拉蕊就任紐約州聯邦參議員。參議院成員多數為男性，在希拉蕊擔任參議員的六年中，最多的時候只有十六位女參議員。

希拉蕊在參議院成功的祕訣就是待人真誠。一位參議員助理回憶說：「她為人真誠、勤奮，別人的名字甚至連生日她都記得。這一點，在人情冷漠的參議院裡來說十分難得。希拉蕊擔任第一夫人時的助理也曾說過，只要和希拉蕊相處一會兒，就會和她一見如故。

後來，希拉蕊被任命為參議員民主黨籌備與協調委員會主席，當時有一名三十出頭的幕僚長約迪‧莎功，是人際溝通方面的好手，也是公認的頂級職員。

約迪•莎功仰慕希拉蕊許久，於是找了個熟識的人向希拉蕊推薦自己，並且成功成為希拉蕊的下屬。那時的莎功每月的薪水都不是希拉蕊支付的，而是另外一個部門，即便如此，約迪仍舊願意留下來和希拉蕊共事。

希拉蕊龐大的政治家庭對她的忠誠和愛戴令約迪感到驚奇，而且自從她加入了希拉蕊的地盤，就再也沒想過要離開。在參議員，沒有哪一個議員的個人魅力能有如此成效。人們都被希拉蕊的真誠打動了，並全力為她效忠。

在美國政界，如果能做到待人真誠沒有半點虛假，這就像柯林頓永遠不會對年輕貌美的女子著迷一樣困難。但，希拉蕊做到了。而且認可她真誠品質的人，就是她周圍那些在政界摸爬滾打了多年的政府工作人員。

兩點之間直線最短，溝通交往時實事求是有話直說，其實也是最有效的方法。但很多人將這模式複雜化了，他們不停的揣測他人的意圖，搞得草木皆兵，人人都很累。希拉蕊非常聰明的在選擇了泥沼一般的政界裡做個簡單真誠的人，於是她贏得了很多贊許，仕途越走越寬。最難得可貴的是，她讓她的團隊形成了真誠的氛圍，這個團隊的凝聚力便得到質的飛躍，牢不可破。

現在的女人大多受了厚黑學的薰陶，非常懂得偽裝自己。把自己偽裝得漂亮，也許暫時得到了成功，但天成日久，遲早會露出馬腳。「路遙知馬力，日久見人心。」時間會揭開所有真相，當然也包括妳虛偽的面具。而真誠的女人則像深巷裡的酒，時間越久越顯其甘醇。

永遠不要做個有心機的女人，即使妳有再多的理由，受過再多的傷害，用心機對待這個原本美好的世界，都是不應該的事。

有個年輕貌美的女大學生，在臨近畢業時諮詢她的導師，有什麼更好的方式讓她在這個社會中立足，導師告訴她，要真誠，永遠不要玩弄任何人，哪怕他看來再愚蠢再懦弱。更不要和勾心鬥角，尤其是不要和那些看起來心機重重的人交鋒。

女學生問，那我豈不是要吃很多的虧？導師回答她，是啊，妳會因此吃虧，但如果妳丟下真誠，用心機和他們較量，我能保證最終被玩弄的人，一定會是妳。

戰略與策略，有彈性才會有進步

「戰略與策略一定要高彈性，才會有進步，特別是在我們面臨如此困難的政治形勢時。」

——希拉蕊・柯林頓

一九九六年，共和黨人占多數的國會通過《福利法案》，該項法案由柯林頓提出，但是其對手對法案進行了修改，希拉蕊由開始的反對繼而變為支持，下屬們覺得不可思議，其實新法案在醫療津貼、兒童保健和糧票發放等……這些希拉蕊認為最關鍵的部分都得到了保障，所以她覺得應該採用彈性手段，從大局著眼。

希拉蕊深知彈性馭人的魅力：「戰略與策略一定要高彈性，才會有進步，特別是在我們面臨如此困難的政治形勢時。」希拉蕊用彈性手段顯示了她卓越的政治手腕和領袖氣質，女性朋友們應該以此為學習的榜樣。

有彈性才會有進步，「彈性策略」不軟不硬，不偏不倚，在應付下屬時常能使妳占據主動地位，立於不敗之地。高明的領導者懂得：彈性最能予己以主動，對人對事彈性處之，迴旋餘地自然很大。

女性領導者在用人管人方面，最常用的一種彈性策略就是彈性語言。

彈性語言就是靈活運用可進可退的語言，比如「考慮考慮」、「研究研究」為盾牌，好為自己爭取迂迴的時間。固然，直接、了當的表達方式沒有錯，但是用彈性的語言來表達就是一種很高明的智慧。

林肯就是一個善用彈性語言的高手，他曾經說過：「人們說我講好多好多故事，我想確實如此。我從長期的經驗中瞭解到，普通民眾終日勞碌，舉一個易於理解而又幽默風趣的例子，比用別的任何方式都更容易影響他們。」

巧妙迴避不宜直言的問題，還有很多種不同的方式，妳可以採用類比的方式，借助事實說話，也可以含糊其辭，在一些不必要、不可能或不便於把話說得太實、太死的時候，利用「模糊」語言讓妳的表意更有「彈性」。這樣就會讓別人的問題有如打在海綿上一樣，瞬間失去衝擊力。

這種說話的技巧如若合理運用，便能化解生活中的許多煩惱和尷尬，也能將即將到來的禍端化解於無形。

另外，當妳想指出下屬某些缺點的時候，最好也不要直接說出來，而要避開問題的關鍵，換一種方式來表達。

當然，彈性的語言技巧在我們普通人的日常生活中也能夠很好地化解矛盾、減少摩擦。尤其是當對方的情緒處於激憤的狀態，彈性的語言技巧能夠達到四兩撥千斤的效果。

武俠小說裡有一種迴旋鏢，一旦擊不中目標，鏢還是會回到自己手上，絕不至於陷入被動。這就是運用彈性的一種境界，那麼，女性們該如何將彈性手段發揮得淋漓盡致呢？下面來介紹幾種具體方法：

1. 比較式拒絕

拒絕別人本來就是一件難以開口的事，更何況是面對討好妳的下屬呢？運用比較的方法對其間接拒絕，會更容易接受。

2. 模糊式批評

模糊式批評就是在批評中加入模糊語言，比如說「最近一段時間」、「總的」、「個別」、「有的」等等。這樣，既照顧了被批評者的面子，又指出了問題，並且說話又具有某種彈性，通常這種說法比直接點名批評效果更好。

3. 指出錯時也指出對

下屬辦事不可能沒有一點可圈可點之處，所以女性領導者可以用表揚和批評交替的方式來對下屬進行教育，相信他們一定會樂於接受。

CHAPTER 8

影響力，不是男人才有的特權

讓妳的名字成為一種象徵

「人們似乎看到了一個新時代的誕生：作為一名女人，她創造了歷史」

——卡爾・伯恩斯坦

一九九九年二月十二日，希拉蕊的著裝與以往沒有不同，依舊是彰顯她風格的保守、簡潔的衣褲和平底鞋，但在她從容不迫的笑容後面，正醞釀著一個有可能改變她一生的決定。

確切的說，她的這一決定還將影響到她的丈夫，第四十二任總統柯林頓的未來，甚至還有整個美國的未來。

讓整個世界為之譁然的「陸文斯基事件」幾乎擊垮了一向剛強的希拉蕊。但她的人生卻在這場搖搖欲墜的婚姻裡成功轉型。

正當人們嘲笑柯林頓的不忠，把她這位「第一夫人」當做茶餘飯後的笑柄時，希拉蕊依然頂著巨大壓力為她丈夫的彈劾案積極奔走。她的努力很快在樓下的總統辦公室裡顯出成效：彈劾的結果是，柯林頓被宣告無罪。

也就是在那一刻，希拉蕊做出了最後的決定，決定要去從未生活過的紐約州參加美國國會參議員的競選，決定從被人非議的「第一夫人」，跨越成一名真正的美國公職人員並且她做到了。

七年後，當柯林頓還在考慮如何繼續生活時，希拉蕊已經長成民主黨內一名頗具知名度的領袖。作為一名與眾不同的參議員，作為一名努力成為美國總統的女政治家，她幾乎統禦了整個美國社會。

無論在哪一個朝代哪個時期，能成為某種象徵，能為某事某物某種精神代言，都是一個女人至高的榮耀。翻開史冊，那些能在史書中占據某個篇章的成功女人，向來鳳毛麟角，但她們都無一例外的成為了現在女性膜拜的偶像：武則天成為了權力的象徵，奧黛麗‧赫本是優雅的象徵，瑪麗蓮夢露是性感的代名詞。

如果妳覺得這些成功典範離平凡的我們還是很遙遠，那不妨看看大街小巷裡隨處可見的巨型海報吧，哪一幅裡不駐紮著一個笑靨如花的璀璨女星。腿長就代言牛仔褲，臉小則代言瘦臉霜，髮質優良就去代言洗髮乳。總之她們拿出身上的一個亮點，將其培養成優勢，最後達到極致，成為象徵。

也許妳會說，除了平凡妳一無所有，然後任由自己隱沒在洶湧的人潮裡，終日碌碌無為。如果真的是這樣，那麼妳便辜負了上帝將妳生為女兒身。

每個女孩出生之際都是美好的代名詞。如果用心，總能發現身上帶著各種各樣美好的特質。善良、孝順、溫柔、熱情、堅強、勇敢，諸如此類，如果妳帶著這些美好品質，一路走來用心感應生活，這些美好品質便會在無形中被放大，成為妳生命中的閃光點，甚至是一種優勢。

當妳具備了這種優勢的同時，還要記得將它傳遞出去，潛移默化的影響別人，帶給周圍的人積極正面的力量。比如妳天生樂觀，走到哪兒就把笑聲帶到哪兒，不久之後悲傷的人便會喜歡和妳待在一起，當他們提到快樂，就會下意識的想到妳，妳也隨之成了「快樂」的代言人。

所以妳看，成為代言人成為象徵，並不是太難的事。那些開闢了時代，站在歷史浪尖上的成功女性，也許只是比妳多用了一點心，多堅持了一小會兒。如果妳也一直在堅持，向來很勇敢，也許在朋友們的心裡，早已經把妳當成了用心生活的典範！成為典範是一種品行，是千錘百煉磨礪出來的結果，典範精神也是每一個人在不幸中支撐身心的精神梁柱。

生活中的不如意乃至不幸的確存在，只是因為生活之中有了成為典範的決心，一切才變成了風雨之後的彩虹，絢麗而又張揚。

職業的高度決定影響力的寬度

「你們把面臨的難題和關心的問題告訴我：擁擠的校園和破舊的校舍，養育孩子和贍養雙親的艱辛，尋求人人同等待遇的挑戰，還有在紐約州北部的就業機會難尋等問題。長期以來，我一直在為這些問題奔忙，有些問題甚至我已經為之奮鬥了三十年之久，我決心讓這些問題得到改觀。」

——希拉蕊・柯林頓

因為柯林頓的出軌，希拉蕊這位第一夫人一度成為人們茶餘飯後的談資和笑柄。而在參議院的一個任期屆滿後，她已經成了民主黨內一名頗具知名度的領袖。她成為掌權美國的第一夫人，並頻繁在媒體亮相。

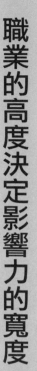

二〇〇六年，她以絕對的優勢再次取得參議員競選的勝利。這次，人們喋喋不休談論的是她的政治觀點、她敏銳的商業頭腦以及她的未來。

在小布希任期即將結束的時候，希拉蕊已然成為這個時代與眾不同的人物——達到了即使是羅斯福、戴安娜王妃、艾森豪等人也從未達到過的高度。這種影響力甚至傳播到國外，人們遇到一個美國人就會問：「她是什麼樣的人？」「她真的會當選美國總統嗎？」

希拉蕊在當第一夫人時，就有了一定的影響力，但那更多來源於柯林頓的總統地位，她不是主角，而當希拉蕊華麗轉身，事業和地位都達到難以企及的高度後，自然地，她也就擁有了無人匹敵的影響力。

李開複說：「把自己的影響力最大化是我人生的目的。」

在我們的生活中存在著一種無形的力量，它不同於能力，但它能讓其他人在短期的實踐中感覺到；它更不同與智力，但大家可以評估出來，這便是影響力。

影響力是一種獨特的魅力，時時刻刻影響著周圍的人，並且給予對方一種神奇的力量。擁有影響力的人，往往也是社會中最具成功素質的人士。

對於女人來說，如果妳渴望得到成功，或者是想正面地影響所處的世界，妳就必須成為有影響力的人。其中最重要的就是妳必須達到一定的高度才能最大限度的影響到別人。這個道理不難理解，一個普通女職員和一個女CEO，影響力自然不同。

《時代》雜誌曾評選出當時全球最有影響力的二十五位商界領袖，雅芳CEO鍾彬嫻是唯一入選的華人女性。

一九七九年，一無背景、二無後臺的鍾彬嫻以優異的成績從普林斯頓大學畢業，她加入了魯明岱百貨公司，成為一名管理培訓人員。鍾彬嫻在魯明岱百貨公司升遷很快，到了二十世紀八０年代中期，她已成為銷售規劃經理、內衣部副總裁。後來，鍾彬嫻開始兼任有著一百一十多年直銷歷史的雅芳公司的顧問。

在雅芳，鍾彬嫻卓越的才華和超絕的人脈拓展能力吸引了雅芳CEO普雷斯的注意力。七個月後，鍾彬嫻正式加盟雅芳公司，最終成為雅芳公司CEO。

當然，這個不同與權力無關，不是說權力越大影響力就大。因為影響力不是強制性的。它是一個更為微妙的過程，是以一種潛意識的方式來改變他人的行為、態度和信念。它確實涉及了權力的某些方面，但它是透人際勸服來進行的微妙的過程。

與赤裸裸的權力相比，影響力沒有那麼直觀——從它的本質來看，影響力比較間接和複雜。別人甚至意識不到妳在使用影響力技巧。這種非直觀的、更為微妙的本性賦予影響力一種內在的力量。

女人，妳想擁有像希拉蕊那樣的影響力和品牌力嗎？請用妳的職位高度來拓寬自己的影響力寬度吧！也許有一天，當其他人寫下改變自己生命的人名時，妳的名字會列在其中。

Chapter. 8

影響力，不是男人才有的特權

善借媒體，實現自我推銷

「此時我認識到，持續不斷的指控全是因為我和媒體的關係不好所造成。我跟白宮記者團保持距離太久了，他們很少有機會接近我……。到一九九四年底，我準備把媒體想要的東西給他們，那就是我自己……」

——希拉蕊．柯林頓

在這個資訊傳播愈來愈快的時代，媒體作為一種不容小覷的力量已經被大眾所接受，成也媒體，敗也媒體，這絕對不是危言聳聽。

如今，成功的女性已經不是傳統的只知道埋頭苦幹的老黃牛了，她們懂得借助媒體，提高自身關注度，打造個人品牌。

不管是在小石城還是華盛頓，希拉蕊一直很少與媒體溝通，但是當政敵一再詆毀她的公眾形象後，希拉蕊決定改變自己，改善和媒體的關係。她不僅打算重新開放媒體通道，而且她正在計畫一些社交活動，宴請華盛頓精英，為媒體舉行燒烤晚會等。

在希拉蕊訪問第三世界國家期間，她和媒體的關係進一步緩和，尤其在一次演講中，希拉蕊動情地用當地一名普通學生的小詩作為結尾，讓同行的記者大為感動。

在以斯塔爾為首的政客們對柯林頓夫婦進行無情的調查時，希拉蕊透過媒體掀起了一輪針對斯塔爾的扭轉時局的大反攻：《紐約每日新聞》的首席記者拉斯—艾瑞克·尼爾森撰文抨擊華盛頓新聞界被斯塔爾的「謠言」所蠱惑，《波士頓環球報》的專欄作家派特·奧利芬特批評說，華盛頓新聞界已經「在追求白宮性案證據的道路上走過了頭」，進而鞭笞《華盛頓郵報》、《華爾街日報》、《紐約時報》、《達拉斯早間新聞》、ABC以及《時代週刊》踐踏傳統公正標準的做法。

日常生活中，人們總喜歡用「曝光率高」來形容成功女人。其實，真正出色的女人都懂得利用一切機會讓自己在重要場合「拋頭露面」，因為這樣可以讓更多的人認識自己，擴大自己的影響力，提升知名度，因而讓自己的形象更加深入人心。

格雷斯是美國第三十任總統柯立芝的夫人，是一位自然坦率、充滿活力的睿智女性。在幾十年前，當媒體「炒作」還是個陌生詞時，格雷斯就懂得了如何與媒體建立關係了。為了滿足媒體對於第一家庭活動的巨大興趣，她總能把握好拍照的時機，讓攝影師來表現自己的年輕和活力。

她的官方活動——與代表們會見，參加剪綵儀式，做國宴的女主人——被媒體廣泛報導。媒體的興趣不僅幫助格雷斯展示了第一家庭的形象，也使柯立芝的聲望提高，讓她成為一位成功的第一夫人。

如今，媒體「炒作」逐漸發展成為一種時尚，捧紅一個藝人需要炒作，捧紅一個產品也需要炒作。所以，在炒作時尚裡，女人也要跟上時尚的步伐，努力「曝光」自己，show出自己的本色，才可能提高自己的身價和影響力。

如今的社會不再是那個「酒香不怕巷子深」的社會，縱然我們是「皇帝的女兒」，要想嫁出去，也免不了要走出深宮，主動「曝光」自己。

要注意的是，由於在重要場合「曝光」時需要面對很多人，有認識的，也有不認識的，所以對女人來說，這是需要很大勇氣的。想做到這一點，必須克服膽怯、羞澀的心理，要對自己充滿自信，講話或辦事應當底氣十足，這樣才能贏得更多人的青睞。

平時我們應該多關注身邊的各種儀式，積極參加。例如，妳的公司因職員有紅白喜事而舉行的儀式，因有人要出國或退休而舉辦的派對，因有人得到提升或費盡周折挖過來某個能人而舉行的歡慶，或因解決了一個大難題而舉辦的小小的慶典……這些都是妳「曝光」自己的好機會。

儘量多參與這類活動，並在這些場合裡作精采的演說，或者送點什麼禮物，舉止得體，妳的知名度一定會增色不少。

塑造個人品牌，成就完美人生

「過去的幾十年裡，我在臺上面對群眾演講，面對同僚講話時，總是說『我們』如何如何，『他』，『她』如何如何，很少提到『我』。參選紐約州議員以後，我要學習多以第一人稱對民眾講話。」

——希拉蕊．柯林頓

二000年十一月七日，希拉蕊以五十五比四十三的絕對多數票成功當選為紐約參議員。二000年十二月十六日，查理斯．拉夫的葬禮在國家大教堂舉行。

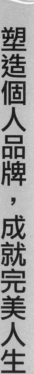

當葬禮結束後人們開始退場時，他們把目光都投射到了希拉蕊身上，希拉蕊在一瞬間成了教堂內唯一的焦點。人們似乎看到了一個新時代的誕生：希拉蕊光彩照人，她已經成為一名受到全美乃至全世界萬眾矚目的華盛頓女性。國會議員們上前與她握手並吻了臉頰；老朋友紛紛與她擁抱，並祝福她。

希拉蕊開創了參議院歷史上的先例。時任第一夫人，又是參議員，作為一名女人，她創造了歷史。在接下來的幾周和幾個月的時間裡，只要希拉蕊一出現，人們便蜂擁而至，全然不顧其他的參議員。

在連接眾議院和參議院的國會地下道裡，人們爭相要她簽名。同時，她也成了在國會工作的數百名女性的楷模，女人們不斷從她身上汲取力量，學習閃光之處，並以當她的下屬為榮。

自從一九七四年希拉蕊離開華盛頓來到阿肯色州投奔比爾．柯林頓以來，這是希拉蕊第一次有了自己的品牌。這是一個新的起點。

個人品牌是一種提升影響力的途徑，在如何提高自己的影響力過程中，個人品牌的概念非常重要，再怎麼強調也不會過分。一個女人，可以花時間讀勵志書籍，看催人奮進的電影，或從事其他有利於個人發展的活動。但是歸根結底，要想成事，就必須塑造自我品牌。

品牌是關係，它們反映影響力。創造並活出一個出色的個人品牌，這不僅是為自己，也是為了別人。世界需要有影響力的品牌，並且尊重、依靠有影響力的品牌。如果妳能夠成就一個有影響力的品牌，我們都會因此而更加富有。

個人品牌影響力的延伸，是對個人品牌資源的深度開發和利用，將已有個人品牌影響力的所在範圍擴大，豐富個人品牌形象，有助於樹立行業綜合的個人品牌，進而使自己獲得更大利益。也許妳現在「人微言輕」，但每個人都有自己無可替代的價值，建立個人品牌的第一步，就是自我設計，打造自己的閃光點，並且透一定的方式和技巧，把妳的價值傳播出去，讓更多的人認識妳。

艾曼達是一家飲料公司的業務主管，因為她平易近人，說話隨和，所有的客戶都喜歡和她談話。每逢碰到同事和客戶一直談不攏的時候，就會讓她出馬。只要她一去，不管什麼冰山都會融化成一江春水。她個人的閃光點就是「化解矛盾的專家」。

每個人都應像艾曼達一樣及早找到自己的強項，儘量發揮，這是快速脫穎而出的祕訣！妳的表現是妳的個人品牌焦點。我們必須做到處處打造自己的閃光點，讓每個見過妳的人都能記住妳，認為妳果真有自己的能力和風格，那樣，成功就離妳不遠了。

可口可樂的老闆曾經說，如果一大早上醒來，可口可樂公司被大火燒個精光，但僅憑「可口可樂」這四個字，一切馬上就可以重新開始。這就是品牌的力量。

著名籃球運動員姚明，由於自己的精湛球藝而被選入ＮＢＡ，二００三年全明星首發陣容，姚明的出現為火箭隊帶來了空前的商機和人氣，火箭隊在姚明身上獲得了巨大利益。姚明在NBA的生涯中，個人實際收入將達到或超過一・八億美元，而圍繞姚明的產業開發，將會超過十一億美元。這就是個人品牌的價值。

妳的品牌就是妳的身價！

美國電影明星伍迪・艾倫說：「只要在工作中為人所知，那麼，你就成功了百分之九十。」對一個演員來說，這是至理名言，對於普通人來說，個人品牌同樣重要。有了一個好的品牌，妳的身價也會大大提高，大家會更願意追隨妳，與妳做朋友。

既當幕後軍師，又有台前事業

「希拉蕊總是很積極地制定公關政策，卻不熱衷於扮演政界人士妻子的角色。」
——《阿肯色時報》的專欄作家約翰·布魯梅特

柯林頓成功當選為阿肯色州州長，希拉蕊自然而然成為第一州長夫人，眾所周知，在丈夫競選的過程中，希拉蕊堪稱絕對稱職的軍師，她不僅參與策劃競選的全過程，而且還為競選積極籌備基金。但是，幕後軍師沒有遵循阿肯色州第一夫人的傳統，而是選擇擁有自己的獨立事業。先是進入羅斯事務所，後來進入沃爾瑪董事會，還被任命負責美國一個著名的女律師委員會。

「希拉蕊總是很積極地制定公關政策，卻不熱衷於扮演政界人士妻子的角色。」《阿肯色時報》的專欄作家約翰·布魯梅特說，希拉蕊不想「履行州長夫人的任何義務。她只想隨心所欲地按照自己的方式生活，擁有自己的工作，做那些自己感到有興趣的事情……。

對獨立事業的渴望和為此付出的艱辛努力，讓希拉蕊躋身為美國百名最有影響力律師，這項殊榮不僅僅是對希拉蕊為法律行業和兒童婦女權益所作的貢獻，更重要的是對她這位州長夫人除丈夫的「軍師」以外擁有自己獨立事業的肯定。希拉蕊幫助丈夫柯林頓在事業上取得成就以後，仍然堅守著自己的事業。因為她深知，事業不僅是男人的最好裝飾，也是女人最好的護身符。

二０一０年，某電視臺曾經做過一個民意調查，其中超過三分之二的人都認為女性應該有自己獨立的事業。是做男人背後的女人，還是走到台前，撐起屬於自己的一片天，這的確是個問題，而希拉蕊用實際行動給全世界女性朋友們上了最精采的一課。

以前人們用「小鳥依人」來描摹一個女性含羞帶怯、溫柔可人的形象，這樣的女人依附在男人身旁，將男人視作自己最大的靠山。但這樣缺乏獨立性的姿態並沒有將女性的深層魅力展現出來，而且這種依賴於人的生活態度，也會讓女性自己感覺到不安定，進而一生悲苦。

作為「她」世紀的女性，就要獨立。

我們就知道：物質基礎決定上層建築。現實生活中，女人只有擁有自己獨立的事業、工作才能做到經濟獨立，而經濟獨立從根本上確保了女性的獨立地位。做個職業女性，把事業作為自己最華麗的人生篇章，這樣的女性才最能展現出女性的風采。

大多數成功的女性熱愛她們的家庭，成為成功男人背後的女人，但是她們也醉心於工作。認為工作開拓了她們的視野，給予了她們成就感，挖掘出了她們的潛力，賦予了她們身分，使她們得以完善自身。一位作家用略帶誇張的語調說道：「如果她們停止工作，她們明白，大多數人就什麼也不是了，就像空氣中的洞一樣，如此而已。」這些充滿信念的女人，甚至把她們的職業看成是她們的救星。

工作不僅讓女人自己擁有了經濟獨立權，從根本上脫離了男人的控制，而且工作也能賦予女人非同尋常的魅力。工作，讓女人走出了狹小的家庭生活空間，讓女人的視界開闊，心也隨之澄明起來；工作，讓女人發現了更能凸顯自己個性價值的方式；工作，也最能讓女人找到自己的尊嚴。面對一個自尊自愛自立自強的女人，相信每一個人都會由衷讚歎她的美麗。

女性朋友們一說起事業、工作，很多都很迷茫，不知道自己該如何選擇職業，獨立，就從選擇一份職業開始，這裡給大家介紹一個最簡單可行的方法——先給自己三個問題：

「我適合做什麼？」

「我想做什麼？」

「我能做什麼？」

在妳回答了以上三個問題後，不要急於行動，過一段時間後，再問自己這三個問題，同樣，把答案寫下來。如此幾次，相信妳就可以從容地開始選擇妳的職業了。當然，選擇屬於自己的工作這並不意味著妳就獨立了，還得需要妳鍥而不捨的努力和堅強的意志，守住自己的事業。

聰明的女人，如果妳還能騰出自己空閒的雙手，如果妳想自尊自立，活出精采，請不要放棄自己的工作或者事業！

打造總統比嫁給總統更可靠

找一個志同道合的人組建家庭

「希拉蕊和柯林頓都熱切的相信自己肩負著改變這個世界的使命，而且早在認識之前，他們就各自抱定了這個信念。」

——貝琪・賴特

據哥倫比亞廣播公司報導，當時一本剛剛出版的新書《美國裴隆夫人：希拉蕊的權力之路》爆出絕對內幕……早在希拉蕊和柯林頓相識時，兩人就已制定了一個「祕密計畫」，按照該計畫，最終柯林頓將成為美國歷史上首位「第一先生」，而希拉蕊將成為美國版本的「裴隆夫人」，並且將在白宮內連續擔任二屆共計八年總統。

八年總統計畫其實並不稀奇，希拉蕊和柯林頓在耶魯大學相識時，幾乎立刻就從對方身上發現了能夠影響自己、提升自我的特質，這可以讓他們建立起一種擁有無限可能的政治合作關係。

正因為有了這樣的認識，才有了他們後來深厚真摯的愛情。

柯林頓也曾這樣告訴過母親：「求上帝保佑我要娶的人是希拉蕊，因為我可以告訴妳，不是娶希拉蕊，不然就誰也不娶。我不需要娶一位美麗女王或者性感女神。我這一生都會為了政治和公共服務而在艱苦的工作中度過，我需要一個真正做好準備捲起袖管為我工作的人。」這和向來熱衷政治的希拉蕊，想法不謀而合。

共同的志向讓他們的婚姻一路經歷風雨，走到今天。

五十歲的柯林頓曾經感慨道：「我和希拉蕊的婚姻猶如掛毯，厚重、多彩而又結實，沒有人可以將它扯斷。」

人生觀的不同，決定了每個人的人生軌跡不同。有的女人喜歡天天逛百貨公司掃名牌貨，有的女人喜歡在書房裡一待就是一整天。

如果讓掃名牌貨的女人嫁了個書呆子，讓喜歡讀書的女人嫁了個暴發戶，兩場婚姻裡，就會有四個人飽受折磨。不要讓月老所犯的低級錯誤毀了妳一生，女人們還是要擦亮眼睛，尋找身邊和自己志同道合的人組建家庭。

人生苦短，和一個性情愛好都相仿的人走過漫長人生路，會讓原本平淡的人生增添很多樂趣，這樂趣在戀愛時期常能表現的非常明顯。

愛吃的兩個人會走遍城市的大街小巷只為找一碗味道正宗的酸辣湯；愛玩的兩個人會共同犧牲睡眠時間在夜店酒吧混到天亮；愛旅行的兩個人能一起背著背包走遍大好河山；愛睡的兩個人也可以買一張質地優良的床，睡到地老天荒。總之無論什麼事，多了一個人和妳共同分享，是再美好不過的事。

又或者，妳天生懷有鴻鵠之志，為了成功，妳肯付出時間、精力，犧牲家庭、友情、親情，甚至成功和正義。如果妳遇見的人和妳一樣，抱著為了成功不則手段的態度，那你們也可以算得上志同道合，是一對絕佳的合作夥伴。至於功成名就後會不會有利益衝突，則要看兩個人的修為。

如果妳生來淡泊人生，只想有三兩知己、一本好書，那妳也得有一個和妳持同樣人生哲學、可以欣賞妳的人共度一生。

有兩對夫婦，一對奉行享樂主義，對所有的娛樂和旅遊專案都積極宣導；而另一對是謹慎的節約主義者，為防老，為育子，就連坐車都要考慮到底是地鐵省錢還是公車省錢。兩對夫婦各得其所，日子過得都很甜蜜，假如換過來……後果不堪設想。

所以，妳是什麼樣的人都沒關係，最重要的是得找一個和妳在人生理念上一致的人。蘿蔔青菜，各有所愛，相信這世上一定有一個欣賞妳、和妳一樣的人。

千萬別找錯了人，要知道，妳在一個人眼中的優點，也許就是另一個人不能接受的缺點。

能被「利用」的婚姻才是好婚姻

「我即將遇到的這個人，將會使我的生活朝著一個始料未及的方向發展。」

——希拉蕊‧柯林頓

一九七四年二月二十五日是柯林頓宣佈參加阿肯色州第三國會選區議員的日子。但柯林頓並不是這個計畫中的主角。

從一開始，柯林頓的競選團隊就聽他滔滔不絕又興高采烈的談論希拉蕊：她目前正在華盛頓為彈劾調查組工作，而且擁有非凡的政治頭腦，並且已經成為他最親密的知己和顧問。希拉蕊也幾乎每天都會打電話來提出自己的建議，柯林頓的助選經理們強烈地感受到了她的分量，整個選舉總部都能感覺她的存在。

當希拉蕊和柯林頓締結婚姻時，希拉蕊也已經進行了充分的考慮，打算在他通往總統的道路上成為他的合作夥伴。

在這個決心的激勵下，以她和柯林頓的婚姻作為平臺，希拉蕊終於在柯林頓成功競選總統之後，成為了歷史上第一位擁有自己職業的第一夫人、第一位入住白宮的女權主義者、第一位被任命為正式官員的總統夫人。

嫁給柯林頓，讓希拉蕊得以成為美國政壇一顆耀眼的新星。長輩們常說，婚姻是一個女人一生裡的頭等大事，可見婚姻對於女人來說，就像開啟了一段新生那樣重要。很多聰明的女人會把婚姻當成實現夢想的一個平臺和跳板，並最終取得成功。

但也有很多人對這種方式不以為然，認為這給聖潔的婚姻增添了太多的功利的色彩。誠然，好的婚姻依然是要以愛情作為堅實基礎的，但這和借助婚姻實現夢想並不衝突。大多人會誤以為希拉蕊和柯林頓的婚姻是政治交易，殊不知兩人在戀愛時期的甜蜜羨煞了多少旁人。即便是到了知天命的年紀，希拉蕊仍舊對柯林頓充滿了濃濃愛意。每次柯林頓走進房間，依然會讓希拉蕊有少女般的羞澀。

有人說，希拉蕊雖然飽嘗了柯林頓背叛婚姻之苦，但從整體上來說，希拉蕊仍然是收穫頗多的，畢竟她嫁給了總統，並且借由他在美國政壇裡大展身手。這便是希拉蕊幸運和精明的地方。幸運的是希拉蕊找到了志同道合的伴侶，精明的是她懂得如何最好的利用這段婚姻。

年輕的未婚女孩通常會有這樣的誤解：婚姻是阻礙女人前行的最大障礙物，一個已婚女人要肩負著操持家庭的重任，突然肩負了更多的角色例如母親、媳婦，家長里短大事小情等著去處理，哪裡來的時間去實現夢想呢？而事實是，即便是妳孑然一身，心無旁騖，僅憑個人的單打獨鬥，在實現夢想的道路上依然困難重重。但假如妳遇到了好的伴侶，好的婚姻，那麼就再也不是一個人在奮鬥。相反的，身後會增加一個人甚至一個家族的支撐，這筆帳，聰明如妳，不會算不清楚吧？

好男人常常是成功女性的後援軍，楊瀾的丈夫吳征是最好的典範，楊瀾離開鳳凰衛視創業的時候，一路上只有老公理解與扶持，後來又記者採訪吳征時，提到楊瀾的辛苦，吳征依然會心疼的眼眶泛紅。這個男人的眼淚證明了楊瀾所受的所有委屈和苦難都是值得的。而今天的楊瀾事業家庭兩不誤，並沒有因為組建家庭就延誤了夢想，相反，家庭成了她最堅實的港灣。

說的具體一點，結婚的好處還有很多：有人陪妳吃飯、看電視、睡覺、娛樂……少了很多孤單寂莫，多了一份熱鬧。吃飯如果不是頭等大事，也是不是一件小事。自己一個人吃飯，經常會覺得不知道吃什麼好，隨便湊和著、買點東西吃得飽就行了；而兩個人一起吃飯，吃飯的時間比較固定、有規律，不會饑一頓、飽一頓；吃飯的內容也比較豐富，可以變著花樣吃，變著菜色吃。你們可以共同擁有一個屬於自己的小天地，並且共同生育、培養你們的子女。當真正為人父、或者為人母，看著自己的寶寶出生、一點點長大，你們會為自己創造了一個如此可愛的生命而充滿成就感與自豪感。

婚姻的用途其實多種多樣，有的人用它來釋放愛，有的人用它來收穫愛，有的人用它來擺脫寂寞，還有的人用它來避風擋雨。但婚姻所能帶給我們的，遠遠不止這些，只要妳足夠用心的付出，足夠努力的維持，妳將收獲得更多。

婚前仰慕，婚後「做主」

「希拉蕊有種不可思議的本事，讓我著眼於現在和將來。」

——比爾・柯林頓

一九八0年阿肯色州的州長連任競選中，已經擔任兩年州長的柯林頓落選了，這次的失敗讓柯林頓傷心欲絕。在競選失敗後幾個月內，柯林頓沉溺其中，萎靡不振。才剛剛三十四歲，他看上去無精打采、茫然失措。最終讓他振作起來是，是他的妻子希拉蕊。

一九八一年的前幾個月，希拉蕊馬不停蹄的為柯林頓州長競選做準備工作，朋友們都說：「如果不是希拉蕊一直在督促比爾，他是不會像現在這樣成功的。」後來柯林頓在一九八二年競選中勝出並連任五次，直到後來成功競選總統。人們稱柯林頓為「打不倒的小子」，實際上，都是希拉蕊在幕後精心策劃和組織，才會有這樣的碩果。

在柯林頓當總統的頭幾年，白宮裡的同事透漏：「如常生活中，比爾非常依賴希拉蕊，時時談起她，無論做什麼都把她當做永遠可以讓他依靠的岩石。他們的夥伴關係為她的領導才能提供了更多的能量。她是錨，他則是帆。」

戀愛的時期的希拉蕊和大多數女孩一樣，接不到對方打來的電話會大發雷霆，會因為小事發脾氣任性，會把戀人當做生活中除親人以外最重要的人，並且最重要的是，在希拉蕊和柯林頓的愛情裡，妳能夠看到一向強勢的希拉蕊對柯林頓有小女人的崇拜情愫。

如果希拉蕊選擇了一味的沉迷在這種崇拜裡，在柯林頓踏上風光無限的政途時，她選擇在一旁像粉絲一樣搖旗吶喊，而不是真刀真槍的送去幫助，那就不會有後來的柯林頓，更不會有後來的希拉蕊。

男人通常都願意娶對他懷有崇拜的女人，這能滿足男人的大男子主義。但婚後如果女人們持續的、盲目的崇拜下去，男人會非常累。一個家庭的組建和成長，更需要兩個夥伴關係的成年人共同努力協作。希拉蕊不僅是柯林頓的好夥伴，在某種程度上，希拉蕊更是柯林頓的支柱。

如果妳總是擔心哪個漂亮的女祕書搶走了妳老公，那麼最保險的辦法，就是去搶走女祕書的飯碗，成為妳老公在家中的同事。也許妳會反問：「那他雇用女祕書有什麼用？」來自女祕書的幫助，和來自妻子的幫助，其效果是絕對不能相提並論的，後者打的是溫情牌，能讓男人在埋頭苦幹的同時多一份衝勁，讓他走得更快更高。

男人把他生命的大部分都奉獻在工作上，做妻子的有必要去瞭解一下占去了他大部分時光的職業。像希拉蕊這樣能協助老公當上總統的例子固然是極少數，但希拉蕊的實例至少告訴人們一個真理，在任何一個牢不可破的家庭中，都應該讓女人當政。如果妳有足夠的能力，成為老公的左右手，讓他在事業上不能失去妳。如果妳能力平平，也至少要是個理財、交際高手，成為家庭中比不可少的財政和外交要員。

小女人式的崇拜，統統留到婚前吧。到了婚後，聰明如妳，可以做做崇拜的樣子，但天長日久的朝夕相處，離一個人越近，妳會越多的發現他的疲倦。他身上曾經那些令妳崇拜不已的優點，都漸漸失去光澤。這個時候還是要儘量做出崇拜的樣子較好，但內心裡，要繃起一根弦，這根弦會時時提醒妳：是時候出面當家，掌權了。

並不是女人野心多強大，而是有些時候那些男人太像小男孩了。男人是長不大的孩子，總是貪玩、好奇、冒險；女人則不然，女人喜歡平靜地生活，對男人的「野」總是無法忍受，並決意改造。

男人的一生中，除了事業，最大的樂趣就是交友玩耍。男人寧肯得罪女人，也不得罪朋友；這對美好的婚姻生活來說是致命打擊，所以女人該拿出女主人的力度，開始當家做主了。

女人是男人最好的推銷員

「比爾希望院方同意他在產房陪我……院方一定也考慮到他是州長，最後同意他進去。沒過多久，院方就修改規定，准許丈夫在太太進行剖腹產手術時進入產房。」

——希拉蕊・柯林頓

一九七0年的耶誕節過去沒多久，柯林頓駕車帶著希拉蕊從阿肯色州趕往派克里奇拜見未來的岳父岳母，並在對方父母面前留下好印象。因為希拉蕊的父親對她的男朋友總是雞蛋裡挑骨頭，但是這一次柯林頓去之前，希拉蕊做足了功課，最終讓兩個人在足球比賽和打牌過程中熱絡起來。希拉蕊的兩個小弟也視柯林頓為大哥，周圍的朋友們也都喜歡他。

柯林頓的好人緣離不開希拉蕊逢人就誇柯林頓的種種好處。即便是在後來經歷了一連串柯林頓的性醜聞，希拉蕊仍然堅持幫著柯林頓樹立正面的好男人形象。她在自傳《親歷歷史》中就提到過，柯林頓為了幫她生產，特別準備了一小袋子冰塊，雖然到最後沒派上用場，但也顯示了他的用心。

希拉蕊還用細膩的筆觸描繪了柯林頓的慈父形象，他們唯一的女兒雀兒喜剛剛出生時，柯林頓常常抱著她在醫院院子裡閒逛，為她唱歌，逢人就炫耀。至少有一點是肯定的，公眾面前，希拉蕊永遠站在柯林頓這一邊，並且永遠說他的好話。

從幫助柯林頓競選州長，再到後來的競選總統，希拉蕊為柯林頓所作的準備工作只有一個明確目的，想見辦法讓大家接納他。而讓一個男人的人品受到公眾認可最好的途徑，便是他妻子的稱讚，在這一點上，希拉蕊所做的堪稱完美。

聰明的女人們總是有很多訣竅，能讓伴侶受到歡迎。看一個男人的妻子注視他的眼神，就能判斷出這個男人是不是一個混蛋。這句話曾經把許多搖搖欲墜的公司主管從社交危機中解救出來，很多男人需要一個女伴，使他看起來更有人性和受人歡迎。

在公共場合抱怨丈夫缺點是最不明智的行為。無論妳的丈夫是否真的具備這些缺點，但至少妳留給了群眾一個「妳的丈夫不討人喜歡」的印象，如果妳不在今後的交際中大力挽回，那麼妳的丈夫很可能在不知不覺間成了真正讓人討厭的人。

有的女人透過炫耀自己來誇獎丈夫，比如身著一件名牌大衣，向人炫耀這是老公送的禮物，但這種方式的效果很一般。使丈夫引起別人的興趣和注意力，最簡單的辦法，是在聚會當中安排丈夫表現出他所擁有的任何特殊才華。其實很多男人都有一、兩個拿手的小才華，聰明的妻子們會在家中安排個小聚會，讓丈夫和他的才華成為聚會亮點，這將為他的人際交往帶去無盡益處。

讚美與鼓勵能使傻瓜變天才，批評與指責能使天才變傻瓜關於這一點，一本書中是這樣描述地：「一個很笨的男人和一個聰明的女人如果不是只發生在外遇時，而是在家庭裡，這樣的婚姻絕對很圓滿。如何才能扭轉所有的局勢，關鍵就只有兩個字——讚美。」

讚美和鼓勵對於男人的重要性，不亞於燃料對引擎的重要性。肯定的言語就像是讓男人繼續發動的引擎，讓他們的精神電池充電。

經常肯定丈夫的女人，就是男人的一部馬達，給他神奇的動力。曾經有一篇文這樣寫道：「怎樣對付男人？只需要經常閉上眼睛說一句話，那就是『你真棒』！」每個男人即便已經獲得了很多很多的東西，也永遠不會對美妙的讚美聲產生厭倦。比如美國第一任總統喬治・華盛頓最高興的就是有人當面稱呼他為「美國總統閣下」，哥倫布曾經要求女王賜予他「艦隊總司令」的頭銜，雨果最熱衷的莫過於有朝一日巴黎市能改名為雨果市，莎士比亞也總是想盡辦法給自己的家族謀得一枚能夠象徵榮譽的徽章……這些人無非是想讓自己顯得更重要些，以期獲得更多的讚美。

如果想讓妳的老公成為理想中的樣子，那就告訴他「你真棒」，讚賞他優秀的一面，他就會展示出陽光的一面。

淪陷危機，堅守地位

「比爾的背叛讓我的私人感情與政治理念激烈的交鋒，如果僅作為他的妻子，我真恨不得扭斷他的脖子。但他不只是我的丈夫，同時也是美國總統。我也認為，不管他做了什麼，都不應該蒙受政敵的百般淩辱……總之抱怨沒有用，我只能振作。」

——希拉蕊·柯林頓

一九九八年十一月十六日，希拉蕊應邀接受《時尚》雜誌主編的採訪，並答應做該刊十二月份的封面人物。

照片是在白宮紅廳拍攝的，希拉蕊當時穿了一件暗紅色的絲絨連衣裙，光彩照人。封面用大號斜體字寫著溢美之詞「非凡的希拉蕊·柯林頓」

這一年年初，希拉蕊經歷了震驚世界的柯林頓性醜聞，飽嘗了身為人妻的婚變之苦，從排除眾議的相信自己的老公，到柯林頓複雜多樣的謊言大白於天下，希拉蕊肩負著比普通女人更多的使命，同時也註定了要比常人承受更多的痛苦。

但希拉蕊選擇了堅強，選擇了在婚姻淪陷的危機關頭著眼於大局。希拉蕊說：「我還沒有決定是否要為我的丈夫和我的婚姻而戰，但我已下決心為總統而戰。」

當獨立檢察官辦公室把柯林頓的一系列醜聞裝訂進《斯塔爾報告》裡時，希拉蕊拒絕閱讀它，並指出該報告只會令總統職位與憲法蒙羞。

隨後，希拉蕊約見了由二十四位女民主黨國會議員組成的代表團，並呼籲她們在彈劾案中保護總統，維護憲法。

無論如何，希拉蕊不僅是承受住了這致命的一擊，並且將這場鬧劇的收尾做得幾近完美。她不僅贏得了美國民眾的尊敬，也贏得了婚姻的穩固。

時代變遷，男人雖然不能再繼續合法擁有一個以上的妻子，但道德的圍牆仍然被責任感低的男人不斷衝破及踐踏。

假如很不幸的妳在婚姻或者愛情裡遇到了第三者，要無時無刻不提醒自己，妳的地位是什麼，妳的職責是什麼。想清楚這些，接下來要如何採取措施，反而比較容易。

如果妳已經結婚，在婚姻裡妳的地位是女主人，妳的職責是和妳的丈夫共同為這個家打拼，並有捍衛家庭的義務。若有人來破壞這個規則，妳要積極應戰，著眼於大局，先解決外患，再來處理內憂。

這期間最難做好的一點就是著眼於大局，太多的女人習慣在婚外情裡情不自禁的充當受害者的角色，一旦確定受到嚴重傷害，仇恨就會滋生，滋生出來的仇恨會讓妳無法冷靜理智的掌控整個局面，最終迎來慘敗收場。

對於那些還可以挽救的婚姻，妻子切忌陷入以下狹隘報復的錯誤：

1. 切忌為報復，自己也出軌

美國的一位諮詢專家警告說：再沒有比報復性的婚外情更可怕的了，那種企圖獲得滿足的結果往往是毀滅性的。

很多女人為了報復丈夫的出軌行為，與同事、朋友發生婚外情，一段時間後想和丈夫重歸於好，然後對方卻不放手，最後弄得自己筋疲力盡，如果被丈夫知道，那麼原本可以挽回的婚姻就將徹底走向盡頭了。

2. 切忌到丈夫公司大吵大鬧

男人最怕就是丟面子，婚外情這種事情如果被公司的同事、上司知道了，今後必然抬不起頭，很多男人寧願選擇辭職也不想被別人的閒言碎語淹死。

本來還有希望挽回的事情，到此為止也就無可收拾了，如果沒有別人知道，或許他會重新回到妳身邊，而現在妳把事情弄得人盡皆知，還間接讓他丟了工作，這段裂痕恐怕是難以癒合了。

3. 別抓住丈夫的越軌行為不放

很多女人在丈夫重新回到自己身邊後，仍然無法釋懷，總是在不同的場合提起丈夫那段「不光彩的往事」。

法國婚姻專家希里・蘇茲曼說：「有些妻子在丈夫的婚外情結束十年之後還牢記著，她們把這些視為是制服丈夫的武器。」遺憾的是這，種心態對建立美滿的婚姻和使雙方恩愛如初極為有害。一方面為自己帶來深切的痛苦，另一方面也讓丈夫備感壓抑，久而久之，容易使丈夫產生逆反心理和自暴自棄的想法，很難保證他不再發生以前那種事，獨嘗痛苦之果的也只剩下自己了。

所有愛情都有競爭者，要保證一場婚姻由始至終的平靜，不為他人干擾，這在物欲橫流的今天是基本不可能的。每個女人都將不可避免，或多或少的戰鬥或者被戰鬥，戰術永遠琳琅滿目學無止境，但最好的武器，莫過於以不變應萬變，堅守妳的地位！

希拉蕊：「我將為你戰鬥到底」

「我將為你戰鬥到底！」

——希拉蕊・柯林頓

多少年來，柯林頓夫婦一直是美國政界最迷人的探戈舞者。有時，他們腳步配合得很完美；有時，他們又不得不各走各的步伐。但在大多數時間裡，希拉蕊總能在對方絆倒時知道自己該怎麼做。

當年，柯林頓第一次競選阿肯色州州長失敗，讓希拉蕊認識到美國選民還沒準備好接受一個保留自己姓的第一夫人，於是堅持自我的她果斷改姓了「柯林頓」。後來，為了支持柯林頓競選總統，她還「改頭換面」，戴上隱形眼鏡，將頭髮變成金黃色，開始減肥，並換上色彩明豔的服裝。

磨去鋒利的稜角，旨在向柯林頓的支持者散播一種思想：年輕和藹的南方州長將當選總統。

希拉蕊曾堅定地對柯林頓說，「我將為你戰鬥到底！」。

毫無疑問，對柯林頓來說，希拉蕊是一位絕佳的政治配偶，但同時也是一位絕佳的政壇搭檔。她的才情、政治感染力，成了柯林頓事業上的「助推劑」。

人們常說：一個成功的男人背後一定有一個睿智的女人。

希拉蕊用自身的經歷告訴了我們：作為睿智的女人就要做丈夫背後的「謀士」，對丈夫的行為施加積極影響，幫助丈夫讓他建功立業。

一個持家有方，任勞任怨的好妻子是難得的，但能夠像希拉蕊一樣成為丈夫幕後的「軍師」，幫助他走向事業和人生的成功，這樣的妻子則更讓人肅然起敬。

做丈夫的好幫手，妳便成為他的學校，妳是他的摯友、老師和嚮導。只有當妳像呵護自己這般關愛妳的丈夫，才會發現妳在他心中是最有價值的，也是生命中不可或缺的。做丈夫的好幫手，成為他的「隱性謀士」。

女人的智慧、直覺往往使她們可以點醒困苦中的丈夫。當丈夫在公司受到上司的批評而悶悶不樂時；當丈夫被捲進階層的權力鬥爭而敗陣時；當丈夫在是非善惡面前舉棋不定時；當丈夫因工作出現阻力而一籌莫展時……妻子就在身後，她自有她的謀略，幫他解決困苦，逢凶化吉，化險為夷，讓他抖擻精神，繼續奮進。

女人的偉大之處，就在於自己做參謀、出點子，讓男人拋頭露面，去享受成功的榮耀。在成功的喜悅裡，男人當然也領悟到「功名冊」裡，有自己的一半，也有老婆的一半。古今中外的名人傳記，可以發現，妻子的安慰和鼓勵、支持與幫助，對名人的成功有時起著重要作用。試想，如果沒有這些好妻子的安慰與鼓勵、支持與幫助，這些偉大的男人們也許就會默默無聞、終身埋沒。「好妻子是一所好學校」，如果妳能夠成為丈夫的學校，妳在他的生命中就能占據更加重要的地位。

完美希拉蕊：出得廳堂，入得廚房

「廚房是家庭的中心，他們住過的每一所屋子，廚房都成為心臟地帶，白宮也不例外，廚房成為一家人吃飯談心、慶祝生日，一起哭笑的地方。」

——希拉蕊．柯林頓

希拉蕊成為白宮女主人後首先改革的就是廚務。她打破白宮廚房三十多年來法國人主導傳統，將美式廚藝帶到白宮。

有一晚，女兒雀兒喜不舒服，於是希拉蕊便親自為女兒做好吃的飯菜。結果還導致了誤會：白宮的廚師從未想過第一夫人會親自下廚，驚訝地致電白宮工作人員，詢問是否不滿意他們的食物。

誰又會想到，總是一副女強人形象的希拉蕊，竟然會是廚藝高手，簡直太不可思議了，希拉蕊不僅會做菜，而且最拿手就是為女兒做的炒蛋和蘋果醬。

「出得廳堂，入得廚房」多少年來一直是完美女人的標誌。而如今，女人們社會地位發生了根本性變化，出得廳堂對越來越多的女人來說易如反掌，反而是入得廚房成為現代女人們的真空地帶。

很多女人不入廚房的主要原因是怕加速自己的衰老，認為一旦沾了油煙氣息就會變成黃臉婆。其實那是不夠熱愛美味，熱愛生活的女人說的話，真正熱愛生活的女人會發自內心地熱愛烹飪，因為她將自己的心血和對丈夫孩子的愛注入於做飯之中，她在煮飯裡找到了樂趣，這就是愛與不愛的區別。

一個完整的家，不能沒有女人，也不能沒有廚房，即使是最簡單的家，也一定會有個小瓦斯爐或電鍋。

廚房是女人的另一個舞臺，裡面有著女人無法擺脫的人生使命。現在，許多白領小夫妻在家從來不做飯，一天三餐都是在外面吃。我們先不說總在外面吃飯對身體健康的壞處，單就生活情趣來說，這樣的生活無異於白開水一樣淡而無味。

真正懂得愛，懂得生活的女人會在工作之後走進廚房，沒有委屈，沒有抱怨，也沒有敷衍，有的只是女人對家庭慢慢的愛。女人一天的生活是從廚房裡走出來的，現代繁忙的生活節奏並不能打消女性對烹煮食物的濃厚興趣，因為廚房裡飄出來不僅是美味，更多的是快樂、幸福和健康。

如今，擅琴棋懂書畫的高尚淑女越來越多，會洗衣會做飯的平凡女人卻越來越少，但現實是：淑女也要吃飯，結婚後，難保不會為一日三餐的生產過程發愁！按著這個思路發展下去，再過十年二十年，也許最搶手的女人不再是多才多藝的淑女，而只是那些會做家務的平凡女性。

很多女性為了追求所謂的高貴，便不肯下廚房，一心只想要當一個「十指不沾陽春水的公主」。在她們眼裡，只要沾染了廚房的油煙味，那麼一個高貴的人就立即成了俗人。在她們眼裡，甚至不屑於做家務，覺得那些是再卑微粗俗不過的。但是聰明的女人要知道，美色固然可以開胃，但開胃過後，如果沒有美味的飯菜入口，就算胃口再好也容易敗壞，幸福的生活還得從廚房開始。

在婚姻生活裡，很多女人都會覺得自己委屈，認為是自己付出的太多，對方卻都是在享受。其實，愛情是相互的，我們在付出的同時，也會因為對方的享受而感受到滿足和快樂。

新時代的女人，往往會產生這樣的誤解，覺得只有出的了廳堂的妻子才會讓丈夫覺得光彩，才會讓自己在人群裡抬得起頭來，因此她們抗拒入廚房，寧可做事業女性在外苦苦奔波，也不願意躲在男人的背後做個持家女人。這樣的觀點無疑是錯誤的。生活不同於工作，不是妳把外面的事情做好了，家裡就會溫馨了。

家，是兩個人一起用心去經營的。家裡總是充滿了瑣碎，柴米油鹽是我們生活的必經，如果妳也不關心，他也不關心，那麼相信你們的家也就無溫暖可言了。所以，新時代的女性，不要總以為只要「出的了廳堂」就是丈夫光鮮的妻子，相比較而言，他們更需要「入得了廚房，出的了廳堂」的賢內助。

想要嫁得好的女人，在為自己的臉蛋身材操心的同時，也應該在廚房裡多花些心思，只會白水煮白菜的女人永遠不會成為婚姻場上的搶手貨。

謝謝您購買 霸氣希拉蕊：你不必屈居第二位 這本書！

即日起，詳細填寫本卡各欄，對折免貼郵票寄回，我們每月將抽出一百名回函讀者寄出精美禮物，並享有生日當月購書優惠！

想知道更多更即時的消息，歡迎加入"永續圖書粉絲團"

您也可以利用以下傳真或是掃描圖檔寄回本公司信箱，謝謝。

傳真電話：（02）8647-3660　　信箱：yungjiuh@ms45.hinet.n

☺ 姓名：＿＿＿＿　□男　□女　□單身　□已婚

☺ 生日：＿＿＿＿　□非會員　□已是會員

☺ E-Mail：＿＿＿＿　電話：（　）＿＿＿＿

☺ 地址：＿＿＿＿

☺ 學歷：□高中及以下　□專科或大學　□研究所以上　□其他＿＿＿＿

☺ 職業：□學生　□資訊　□製造　□行銷　□服務　□金融
□傳播　□公教　□軍警　□自由　□家管　□其他＿＿＿＿

☺ 您購買此書的原因：□書名　□作者　□內容　□封面　□其他＿＿＿＿

☺ 您購買此書地點：＿＿＿＿　金額：＿＿＿＿

☺ 建議改進：□內容　□封面　□版面設計　□其他＿＿＿＿

您的建議：＿＿＿＿

廣告回信
基隆郵局登記證
基隆廣字第57號

新北市汐止區大同路三段一九四號九樓之一

大拓文化事業有限公司收

請沿此虛線對折免貼郵票，以膠帶黏貼後寄回，謝謝！